CW00687459

Edizioni Clandestine
www.edizioniclandestine.c
e-mail: info@edizioniclande

Progetto di copertina: Edizioni Clandestine.

#mondoristorante

Luca Farinotti

Prima Edizione
© Ed. Clandestine, 2018
Ed. Clandestine, Massa (Ms) - 2018
Prima ristampa 2018
Stampa: LegoDigit srl, Lavis (Trento)
Isbn: 9788865967676

a mio padre,
a Marina.

Parte Prima

"Fare ristorante"

Capitolo primo
La spesa

Un topolino ghignante con un basco marrone sulla testa si alza dalla sua seggiolina di paglia gialla e corre a squittire nel mio orecchio. "Vattene via!" penso. Vorrei urlare ma riesco soltanto a esalare un filo d'aria. Allora lui ride e gli si allungano i baffi. "Dobbiamo andare! - mi urla - dobbiamo andare al mercato! Svegliati!".

"Svegliati Luca!".

Apro gli occhi. La mia sorellina mi sta sconquassando le spalle, urlante. "Dobbiamo andare!" ripete.

"È ancora buio fuori..." mentre le indico la finestra.

"Sì... dobbiamo... dobbiamo andare" mi fa lei. Simula una tregua fermandosi a fissarmi per un brevissimo istante. Poi, con chirurgica risolutezza, mi afferra entrambi gli occhi formando delle pinzette con le sue piccole dita da bimba di cinque anni nel tentativo, perfettamente riuscito, di sollevarmi le palpebre.

"Dobbiamo andare al mercato!".

Si è già infilata le scarpine da sola. Mi strattona il braccio tirandolo a sé con tutta la forza che ha "Oohhh... issa!".

"Va bene, va bene" faccio io.

"Il papà ci aspetta giù in macchina. Ci aspetta giù. Sbrigati" mi ordina lei.

"Ma io non voglio venire oggi", provo a protestare mentre lei mi lancia i bermuda e la maglietta.

"Dobbiamo andare. Ci fermiamo alla paninoteca" taglia corto lei.

"All'andata o al ritorno?" chiedo io.

"Alla paninoteca" ribatte.

Non mi resta che decidere di porre fine alla tortura con

la massima rapidità possibile. Mi infilo senza indugi la maglietta amaranto dell'Aston Villa campione d'Europa 1982, i pantaloncini verdi del Montreux e le Diadora appiccicose e sgangherate che da tutta l'estate personificano la mia unica calzatura, come per ogni bambino di dieci anni che si rispetti. E, senza lavarmi faccia e denti, afferro mia sorella e la sollevo per trasportarla in braccio fino all'auto.

"Lasciami!" mi ingiunge subito con fermezza incontrovertibile. I suoi piedini scatenati riatterrano roteando così da lanciarsi subito in una corsa sghemba e famelica verso il cortile in cui nostro padre ci aspetta con la Peugeot famigliare in moto, la portiera spalancata sull'aria fresca del mattino e la "Gazzetta" aperta sul volante. L'alba comincia a irrorare di luce le colline verdissime.

"Non voleva venire" si lamenta lei.

"Un'altra volta lascialo nel letto" la ammonisce nostro padre.

"Io prendo la torta salata col *prosciutto rosso*" sentenzia lei.

"Ci fermiamo all'andata o al ritorno, papà?" faccio io.

"Te lo meriti?" mi esorta crudelmente lui a un irragionevole esame di coscienza mattutino.

"Non glielo diciamo alla mamma, papi, stai tranquillo. Così non ti sgrida che spendi i soldi per straviziarci - interviene lei - io prendo la torta salata col *prosciutto rosso*. Divisa in due pezzi".

"Io con la salsiccia cruda" ridacchia lui mentre, manco fosse il classico fratello maggiore un po' spaccone, mi scaraventa addosso il giornale aperto sullo sport, prima di iniziare la sua brusca e tipica manovra di partenza.

La Juve ha preso Boniek titola il quotidiano.

Le mie mattine d'estate del 1982 erano contrassegnate da incubi indelebili di sorelline trasformate in roditori che mi tormentavano all'alba e da lunghi tragitti in auto a far compagnia a mio padre nel suo estenuante girovagare per mercati, case di contadini, allevatori di maiali e affinatori di culatelli. La nostra ricompensa ci veniva liquidata sotto forma di panino *con torta salata* e *prosciutto rosso* sulla via del ritorno, sosta gastronomica peraltro assai poco gradita a mia madre, cui venivano puntualmente restituiti, all'ora di pranzo, due bambini esausti e immoralmente satolli.

Per questo e per tanto altro nostro padre, lo chef, era indiscutibilmente il peggior genitore della vallata ma, per tutto il resto, era il miglior cuoco del mondo.

Si alzava alle quattro per pensare il *menu* del giorno e si metteva subito a fare telefonate ai suoi fedelissimi grossisti. Il nostro giro tipo cominciava alle sei; prima tappa, il mercato generale ortofrutticolo. Aveva cinque o sei fornitori: uno per le pesche, uno per l'ananas, un paio per le fragole e via dicendo. Lì, acquistava solo frutta e verdura non stagionale e non autoctona, ma necessaria alla sua idea giornaliera. La frutta di stagione, quella del territorio, l'avremmo comprata solo all'ultima fermata, prima di mezzogiorno, a Ravarano, in montagna, da un contadino che aveva gli albicocchi e i pruni e, soprattutto, lunghe serre con le fragoline di bosco nostrane, i lamponi e i mirtilli. Le more, invece, crescevano selvatiche lungo le siepi vicino a casa nostra e lo chef ci costringeva a raccoglierle personalmente sotto il sole battente, raccomandandosi tirannicamente di lasciare sulla pianta quelle verdi, mentre noi ci inzuppavamo di sudore e ci pungevamo con le ortiche.

Dopo il mercato, era la volta dei norcini. Il lunedì si andava a Lagrimone, l'avamposto di altura di Langhirano, dove papà-chef si soffermava per ore a esaminare tutti i prosciutti in fase di stagionatura, annotando le caratteristiche di ognuno per poi procedere alla selezione delle cosce che si sarebbe fatto "mettere via". Il martedì, invece, era il giorno di chiusura ed era dedicato ai viaggi lunghi. Si saltava tutto il resto e si partiva per Neive, a trovare Levi e a riempire il baule di bottiglie di *Donna selvatica che scavalca le colline*, la grappa a fuoco vivo con un'etichetta bellissima, che mio padre chiedeva con una reverenza più che religiosa, agguantandone poi le casse con una circospezione quasi furtiva, come da ladro sacrilego che violi una chiesa. Mentre si consumava questa strana compravendita dai contorni vagamente illegali, mi aggiravo tra alambicchi e ragnatele, adorando la polverosità dei mobili e delle cose intorno a me, chiedendomi come fosse possibile che persone così disordinate e *sporche* fossero a loro volta adorate da mio padre e, soprattutto, dalla mia disciplinatissima madre.

Ricordo anche di un martedì a Bolgheri, per assaggiare le prove di un merlot a cui nessuno credeva e che qualche anno dopo sarebbe uscito sul mercato col nome di *Masseto*. Altre volte ancora lo chef ci portava *fino alla Francia*, a comprare polli. O *fino all'Abruzzo*, dove ci fermavamo sempre alcuni giorni; andavamo in giro per la Maiella con i suoi amici, inerpicandoci per carraie sassose su automobili sgangherate e impolverate, con tutti i finestrini costantemente abbassati giacché era costume diffuso degli adulti di allora fumare una sigaretta via l'altra, lanciando poi i mozziconi *en plein air* con un senso di legalità che oggi non sarebbe certo approvato. I percorsi erano avventurosissimi, come andare per me al *Tempio maledetto di Indiana Jones*, anche se noi compravamo solo olio ottenuto da olive raccolte e spremute sul momento in antichi frantoi di pietra bui e odorosi di verde, che a me parevano prigioni dei pirati e che punteggiavano le colline dense di ulivi antichi.

Il mercoledì si andava a Carpaneto o a Vernasca, dopo il mercato della frutta, perlopiù ad acquistare la pancetta e il salame. Mio padre, che era nato là, soffriva di un esagerato campanilismo in merito al salame, peraltro suo insaccato preferito, perciò non riusciva nemmeno a pensare alla possibilità di un confronto con i nostri insaccati parmensi, a esclusione del culatello che, però, non è di collina e non ha un suo corrispettivo piacentino, costituendo perciò, cosa a sé. Per lui, il salame era Piacenza. Punto. La dolcezza del *felinese* lo irritava al punto che l'impasto più sapido e maggiormente addizionato di aglio, tipico delle zone dell'Arda, rappresentava a suo giudizio, oltre che il ricongiungimento con le proprie radici, una specie di squadra del cuore che doveva assolutamente vincere il derby dei salami, a costo di produrre morti, feriti e dispersi.

Il giovedì si andava nella Bassa, proprio per il culatello. In quelle giornate si rischiava di non fare ritorno prima del pomeriggio inoltrato. Le trattative erano spossanti e "i contadini di quei posti lì", ammoniva sempre mio padre, "erano delle brutte bestie, mangiati dalle zanzare e perciò incattiviti, col cervello inzuppato dall'umidità e perciò ottusi". Ma, alla fine, lo chef riusciva quasi sempre a farsi aprire le porte della cantina: il taglio del culatello era un privilegio che veniva accordato solamente a chi si fosse guadagnato il rispetto delle "brutte bestie". Era come se un re geloso decidesse di aprire il proprio forziere per mostrare il suo miglior tesoro a un re straniero, tributandogli così il grande onore che mio padre, re di collina, rivendicava pericolosamente senza eccezioni. Ci si sedeva dunque intorno a un tavolone di legno massiccio e una specie di sacerdote col grembiulone e le maniche della camicia arrotolate procedeva alla *svestizione* del culatello, per poi dividerlo. Se l'esemplare era "quello giusto", in pochi istanti la grazia si diffondeva nella stanza, come le prime note di un'arpa, e mio padre si lasciava scappare un sorriso che nascondeva repentino dietro i baffi, per non tradire l'emozione e mantenere così invariato il prezzo già precedentemente combinato. Poi inscenava un muso serissimo e, quasi mormorando per darsi un contegno, sentenziava: "Sì, è quello giusto".

Quando si riusciva a tornare a casa con almeno un paio di culatelli "giusti", si era ottenuta una grandissima vittoria e noi eravamo felici perché anche nostro padre era felice.

Mi ricordo un pomeriggio di luglio, io in piedi, vestito con una canottiera a righe rosse e bianche orizzontali, calzoncini blu, calzette bianche appena sopra alla caviglia e sandali neri, imbambolato a venerare Ugo Tognazzi che, profondendo tutto il carisma di cui era capace, insisteva affinché mio padre gli vendesse gli unici due culatelli della nostra cantina. E lo chef che *faceva pesare* la cosa come se stesse per strapparsi un braccio, per poi finire di prenderli e impacchettarli "da portar via" con una dolcezza che nemmeno mia madre aveva quando mi carezzava i capelli. E a quel punto vidi Tognazzi commuoversi.

Dopo l'itinerario dedicato ai salumieri, diverso per ogni giorno della settimana, era la volta, il lunedì, del formaggiaio, che poteva essere di pianura o di collina, a seconda del gusto che lo chef voleva conferire ai ripieni; e poi, il mercoledì, dal macellaio: entravamo in enormi celle frigo dove Augusto, mio padre, sceglieva i pezzi migliori palpandoli uno a uno con i suoi grossi polpastrelli. Poi finalmente uscivamo e mentre lui andava a discutere di tutto nell'ufficio del capo, noi correvamo fuori al sole per cercare di scongelarci. Un garzone ci portava un leccalecca e ci sedevamo composti su un muretto a succhiare, fino a quando un paio di *ciccioni stempiati* non fossero usciti con una schiena di vacca sulle spalle da caricare nel baule della nostra auto. Noi ce ne stavamo buoni perché sapevamo che, dopo la carne, sarebbe stato il momento della paninoteca, col *prosciutto rosso*, la salsiccia cruda e le risate.

Quando finalmente si rientrava alla base sulla collina, per prima cosa scaricavamo la spesa passandoci l'un l'altro i pacchi a catena, operosi come le famiglie unite dei telefilm. In cucina, già da molte ore, c'era grande fermento; donne impegnate a tirare la sfoglia, a infornare crostate e a sgranare fagioli. E, va da sé, una mamma estremamente contrariata dato che, orologio alla mano, era lucidamente cosciente del fatto che i suoi figlioletti si fossero già sufficientemente ingozzati di focaccia al punto di saltare a piè pari, con tanto di autorizzazione paterna, la passata di zucchine fumante che li attendeva sulla tavola apparecchiata.

La magnificenza ultima dello chef, oltre ovviamente al saperci agevolmente esonerare dall'obbligo del pasto materno, risiedeva nel fatto che, se alla spesa del ristorante sapeva declinare la propria vocazione al punto di spendere tutte le albe della propria vita, ancor più alla spesa per sé e per la propria famiglia, sapeva riservare un riguardo e una dolcezza di elezione assoluta ad aurore e tramonti, cielo e stelle. Ogni giorno, infatti, non mancava di tornare a casa con un sorprendente e irripetibile fuori programma culinario, certamente ottenuto sottobanco da uno dei nostri propalatori e chiaramente sfuggito all'occhio spensierato di noi cuccioli. Strabiliante coniglio da estrarre dal cilindro solo per gli occhi di mia madre, come rinforzo del loro amore: una lingua di bisonte ancora pulsante, una trota selvaggia norvegese appena pescata, un cesto di *spaccasassi* raccolti clandestinamente da un escursionista svedese nella notte a Portonovo.

Questi, però, non erano che numeri di uno show a sé stante, seppure il bambino piagnucoloso in bermuda vivesse queste meraviglie come cippi subliminali che lo avrebbero trasformato, a sua insaputa, in ristoratore patologico. Perché quando lo chef si metteva seriamente ai fornelli, a discapito di *canguri* in salmì o di funghi *così rari da non voler essere mangiati da nessuno*, piuttosto che di *percebes* strappati alla roccia da indomiti free climbers votati al martirio, lo faceva professando uno e un solo inamovibile comandamento: il rispetto assoluto della materia prima elaborata secondo la massima semplicità possibile.

Fu questo il seme più vero che, scevro dall'artificio dello stupore, germogliò di giorno in giorno in me, determinando la mia esistenza e specificando la mia professione; passai attraverso le variopinte suggestioni del *mondoristorante*, lasciandomi vivere le molteplici esperienze a mia disposizione, sposando filosofie vecchie e nuove, divorziandone e risposandole, cambiando bandiera, rifiutando le bandiere, convinto di essere mosso dalla mia libertà intellettuale.

Ma, contemporaneamente, il marchio di mio padre, sigillato in me, continuava silenziosamente ad auto-elaborarsi sotto traccia, fino al giorno della sua stessa epifania irreversibile che mi rese **ristoratore resistente**. Il mondo, bisognoso di categorie di riferimento, chiama il nostro settore *bistronomia*. Io lo chiamo *resistenza*: al freezer e ai prodotti congelati. Al sottovuoto, al conservato e all'inscatolato. Alla tecnologia, laddove non sia strettamente necessaria e funzionale alla trasformazione sublimante di una materia prima (come la macchina per tostare il caffè o la pentola per bollire l'acqua in cui gettare la pasta). A tutte le forme di sterile estremizzante *divertissement* della cucina. Ai macchinari per cotture a bassa temperatura (perlopiù goffamente utilizzati dalla maggior parte degli chef).

Ai sacchettini monoporzione e ai sottovuoto che svuotano il cibo, appunto, della sua intrinseca energia vitale e, va da sé, ai relativi costosissimi forni ipertecnologici che, in taluni tristi casi, sono più utili a soddisfare la mera vanità o a compensare, od occultare, la colpevole lacuna tecnica e culturale.

Perseverare nella somministrazione di soli cibi freschi, stagionali, da consumare in giornata e trasformati con semplicità e amore, a crudo o con il solo utilizzo del fuoco vivo diretto, laddove si esaltano la liquida sensibilità della mano, la rapidità dell'occhio e la destrezza del cuore, è uno dei mandati del **ristoratore resistente**.

Ferran Adrià entrò nel tempio e scaraventò i banchetti dei cambiamonete, rigettando la religione di cui i suoi seguaci lo avevano reso maestro e indicando la via della semplicità. Ferran Adrià mi è testimone.

Ricetta del giorno

Innanzitutto, procuratevi uno chef di 125 Kg circa, che abbia avambracci sproporzionati, simili a prosciutti. Uno dei due, possibilmente il destro, bionico, ovvero dapprima inghiottito fino al gomito da un'impastatrice elettrica che sia stata successivamente spezzata in due dalla sbalorditiva forza del braccio stesso in questione. Il braccio sia stato ricostruito e ricucito in laboratorio. Questa caratteristica sarà necessaria e indispensabile all'esecuzione della particolare manovra ritmica richiesta nello sminuzzare il prezzemolo e nel lancio della pasta in acqua bollente. Una volta procuratovi lo chef, osservatelo con attenzione poiché vi mostrerà la mossa una sola volta. Memorizzata la tecnica, ponete lo chef al vostro fianco e lasciate che vi osservi. Lasciate anche che vi metta sotto pressione: è inevitabile. Ora afferrate il pacco da 500 grammi di penne rigate De Cecco: l'acqua di Fara San Martino è essenziale per la riuscita di questa ricetta. Portatela a ebollizione. Aprite il pacchetto di penne. Nel frattempo, avrete certamente tritato il peperoncino fresco di Piazzano d'Atessa, l'unico consentito, dai vasi di Franco D'Alonzo, agricoltore **resistente** e cantante di liscio, detto anche il *Julio Iglesias della Maiella*. L'aglio, sempre di Piazzano, sbucciato e privato dell'anima, andrà messo in padella insieme al peperoncino, con abbondante olio di frantoio di San Luca (Chieti). Fate andare la padella a fuoco medio basso. Tritate finemente il prezzemolo fresco del vostro orto, stando molto attenti a modulare l'ondulazione del vostro avambraccio, memori dello svantaggio di non essere mai stati risucchiati da una trituratrice. Il trito, mettetelo in padella prima che l'aglio sia dorato. Quando l'aglio è pronto, sfumate il tutto con il vino bianco (Trebbiano di Valentini, ottimo per caramellare e perfetto per armonizzare il pecorino d'alpeggio). Il sughetto nel frattempo si è addensato il giusto, a questo punto buttate i pelati, va da sé Mutti, di Parma e alzate il fuoco, ma senza esagerare. Schiacciateli con un cucchiaio di legno, dolcemente. Ora buttate la pasta, aggiungete al sugo sale *q.b.* e zucchero per togliere l'acidità. Quando sarà cotta la pasta, sarà pronto anche il sugo, che avrete guardato a vista fino a questo momento, per non farlo asciugare troppo, né lasciarlo troppo liquido. Modulate il fuoco con un ottimo gioco di polso. Scolate e saltate in padella, aggiungendo pecorino di Guardiagrele, precedentemente grattugiato, a volontà.

Servite le penne all'arrabbiata ai vostri due commensali. Lasciate un po' di penne in padella. Vi chiederanno il bis.

Stappate lo champagne (Vilmart Brut Réserve) e servitelo ghiacciato in ampio bicchiere da vino rosso. Godetevi ora la serata in collina.

Note: se non riuscirete a ingaggiare uno chef dal braccio bionico, contattate Percy Ampollini, erede, depositario e guardiano della suddetta ricetta, oltre che provvisto, unico al mondo a parte l'originale, degli smoderati avambracci adattabili alla sua esecuzione.

***

2017, quasi ieri. Ore 9:00 AM.
Parcheggio il furgoncino bianco il più possibile vicino all'ingresso *Food* di questo mastodontico capannone dove avevo giurato di non entrare mai. Promessa, ahimè, da mercante. Scendo. L'aria del mattino è grigia, densa. Appoggio la schiena al furgone, estraggo automaticamente lo smartphone, senza bisogno di connettermi alla coscienza. Mi connetto invece alla mailbox, poi alle mie pagine social business, in rapida sequenza, come da programmato periodico multi monitoraggio giornaliero. Scorro apaticamente lo schermo con il pollice sinistro. Percepisco istintivamente il bisogno di compiere una seppur breve azione umana: mi accendo una sigaretta. Ripongo il telefono e resto a guardare. Guardo, senza bersagli. Il parcheggio comincia ad animarsi. Arrivano, a intervalli quasi regolari, tutti quanti. Sono i colleghi di mio padre. I ristoratori che da bambino ammiravo. Li osservo scendere zoppicanti dai loro mezzi di trasporto. Vedo schiene rigide, piegate in due. Posture inumane, camminate deformi. Vedo, nelle loro facce grigie e dissanguate l'aborrimento dell'umano. Si mettono in fila per inserire l'euro e prendere il carrello. Si stringono le mani, si salutano, si lamentano:

dei clienti, del fisco e dell'Italia. Mi sfilano davanti, uno a uno. Chi mi saluta con un cenno di circostanza, chi con un sorriso. Chi finge di non vedermi, chi invece mi vede e, a sua volta, vuol esser sicuro di farsi vedere mentre mi punta, rabbioso, gli occhi addosso, e passa e basta. Chi mi ignora perché va dritto e triste per la sua strada, né più né meno.

Arrivano e passano anche i nuovi: i giovani. Quelli che vengono a fare la spesa di verdura col SUV da ottantamila euro. Quelli che appena si svegliano si attaccano l'auricolare dell'iPhone al cervello e ci vivono in simbiosi. Quelli che *spaccano*. Quelli che mi ispirano tenerezza. Ma anche ira e voglia di regolare i conti. Nelle loro facce fresche, vedo il sorriso della scimmia, l'energia brada che alimenta colpevolmente il sistema a cui, inconsapevoli, pascolano soggiogati.

Anche loro infilano la monetina, si salutano più rumorosamente dei vecchi e mi passano davanti sancendo, a ogni passo, l'aborrimento dell'umano.

"Come ci siamo ridotti" penso. Questo è il momento della spesa dei ristoratori di oggi. Tutti risucchiati nel medesimo, enorme, multi contenitore uniformante, la livella della deturpazione.

Sei nel *mondometro*, il detentore della grande distribuzione *Ho.Re.Ca*. Il pareggiatore del *mondoristorante*. La vittoria, la grande vittoria della standardizzazione del cibo. Il giustiziere del piccolo produttore. Un trionfo che ha visto combattere, al fianco dell'esercito dell'anticultura, la più inaspettata e deprecabile schiera di alleati: i ristoratori. In poco meno di un'ora, il ristoratore contemporaneo si procaccerà tutto ciò che occorre alla realizzazione del proprio *menu*, sbalzellando infecondo lungo infinite corsie opportunamente equipaggiate e rastrellando gli scaffali, secondo l'ordine delle rispettive liste scritte, come frenetici scimpanzé a depredare dei frutti maturi gli alberi in serie. La quasi totalità degli esercizi pubblici, dal bar di quartiere al ristorante stellato, si rifornisce interamente in questi enormi magazzini dove l'insalata è, tutti i giorni, precisamente fotocopiata. Dove le ricciòle e gli scampi decongelati dispongono senza pudore di un numero di immatricolazione e dove lo schieramento seriale di Angus beef esibisce se stesso in flotte armate senza vergogna. L'esperienza *mondometro* sarà dapprima urticante. In seguito, una volta (forzatamente) integrata, pur non potendo evitarne le conseguenze, sarai per lo meno in grado di identificarne il contrassegno. All'inizio del tuo percorso di risveglio iniziatico riconoscerai le cose più semplici. Per esempio la tipicità della valeriana che fa da *lettino* nella maggior parte dei piatti stellati e non, in qualsiasi giorno della settimana. Imparerai così, condannandola, ad apprezzare un'insalata vera, proveniente da un orto, e a provare un senso di gratitudine verso chi te l'abbia servita, foss'anche il peggiore dei *kebabari*. I sapori dei prodotti *Ho.Re.Ca.* hanno una così stupefacente uguaglianza a se stessi che, dalla conquista della *cintura gialla* (è qui richiesto lo sforzo maggiore, non tanto nello sviluppo di una nuova attitudine al gusto, quanto piuttosto nell'accettare che il mondo Matrix esista davvero e, di conseguenza, istituire la ferrea volontà di liberarsi da Matrix stesso) in poi, ovvero dall'acquisizione del facile discernimento dei prodotti standard base, diventerà molto semplice conquistare i nuovi livelli di investigatore gastronomico, fino alla conquista dei *Dan* di traduttore universale e di decodificatore/smascheratore militante dell'omologazione. Hai fatto tutto il percorso: sei ora *cintura nera quinto Dan* e ti trovi in un grande ristorante; ti servono una tartare di salmone. La identifichi alla prima occhiata: è di *mondoselecta* (il colosso delle consegne a domicilio per l'alta ristorazione) ed è adagiata sulla tipica guarnizione di misticanze *mondometro*. Non ti puoi sbagliare, ormai conosci quelle forme a memoria, come un ritratto rivisto centinaia di volte. Il tuo cervello ne riproduce il sapore con esattezza. Guardi il tuo piatto da 28 euro, immagini le pile di scatole quadrate di plastica blu contenenti l'insalata che stai per infilarti in bocca e che è la stessa insalata che l'impiegato, in pausa pranzo seduto al bar dall'altra parte della strada, che intravedi attraverso la vetrata del ristorante, sta consumando velocemente mescolata a tonno in scatola e olive nere *mondometro*.

Potresti alzarti, ora. Scaraventare il tuo antipasto addosso al cameriere, rovesciare la tavola. Estrarre una pistola automatica e fare una strage di ristoratori. Invece riguardi il piatto. Poi ti guardi rapidamente intorno. Vedi persone comodamente sedute, serene. Grigie e dissanguate, ma serene e ben vestite. Le osservi mentre introducono nelle proprie fauci una forchettata di gambero in crosta *mondometro*, o di tartare *mondoselecta*, con la più spontanea naturalezza del mondo. Sorridono. Lasciano le misticanze nel piatto. Il loro subcosciente ne detta l'abominio. Ma esse rimuovono la sensazione in un tempo così infinitesimale da non riuscire nemmeno ad avvertirla. Lasciano la misticanza nel piatto. È solo una guarnizione dopo tutto. Nel frattempo, sei passato al branzino allevato: decifri la sfumatura non troppo nascosta dei mangimi animali che l'hanno alimentato. La truffa dei pochi spiccioli al chilo pagati dal tuo ristoratore per quel pesce obbrobrio estrosamente trasformato dallo chef, è lavata via dagli intarsi ridondanti di agro di mango in dispenser *mondoselecta* e dalle *virgolette* di crema di sedano rapa addensata con l'indispensabile supporto di costosissimi macchinari coadiuvanti. Il subcosciente collettivo reputa questa performance sufficientemente funzionale alla giustificazione dei 30

euro che stai spendendo per pagare quella che, nel migliore dei casi, non è niente più che auto-celebrazione estetica.

Mondometro è il vaso di Pandora da cui il ristoratore im-
provvisato trae soluzioni folli, sulla via di comode scorciatoie propizie a scongiurare la viziosa e anemica astenia, se
non la propria incapacità. È la spianata della mediocrità
da cui trae beatamente nutrimento lo pseudo creatore di
cucina contemporaneo, laddove ελπις, la speranza, non è,
come nel mito, rinchiusa nel vaso, ma scientificamente esi-
liata (come spiegherò successivamente nel capitolo
"Acqua") dal contenitore omologante.

**L'antiricetta: il sorbetto salato, basta un vasetto per
essere tutti Ferran**

Ha una stella sul petto. E pensa che ciò sia sufficiente a
garantirgli il diritto all'immunità. Perviene al tavolo spa-
valdo, mi fa l'occhiolino. Narra delle sue imprese in stile
Indiana Jones, ovvero delle pericolosissime avventure
necessarie a sottrarre alle tribù degli Appalachi le sue in-
trovabili erbe officinali. Ci induce a ossequiosi inchini in
onore ai resoconti delle materie prime di cui è depositario.
Ordino un antipasto di crostacei appena scottati, con la
"nostra maionese espressa" e "sorbetto morbido di olive
nere". Premesso che la nota verde di olio di frantoio non
stona al fianco di un gambero rosso (seppur decongelato
e *mondometro*) e che in ogni caso l'olio extra vergine di
oliva è da preferirsi sempre in cucina anche, e soprattutto,
per motivi etici (vedi capitolo "Olio"), a costo di modificare alcune ricette la cui codificazione prevede l'utilizzo di
altri oli vegetali, prendo atto di gambero e maionese e mi

appresto a sperimentare il sorbetto. Ne imbocco un'ampia cucchiaiata: lascio che il freddo si dissolva. Subito incontro un inconfondibile ritorno di polverosi preparati proteici di base e poi, in un lampo, ecco sopraggiungere il fastidioso retrogusto di glutammato, tipico del paté di olive nere in vasetto, marca *mondometro*. È talmente chiaro che non devo certo scomodare la mia *cintura nera Decimo Dan* per questo semplice esame.

Faccio un cenno alla cameriera troppo tatuata per meritarsi una camicia bianca da sala stellata.

"Mi chiama lo chef, per cortesia?".

"Eccomi!" rispunta baldanzoso.

"Chef, posso farle una domanda?".

"Certo, certamente!".

"Ho percepito un ingrediente nel piatto, vorrei essere da lei suffragato, se possibile".

"Sempre che non sia un segreto che non posso svelare". Ride.

"Non vorrei essere offensivo però, è solo un gioco il mio, una sfida con me stesso".

"Sono inoffensibile" ribatte lui. "Dica, dica pure".

"Beh, guardi, allora se mi concede la libertà...".

"Si figuri".

"La ringrazio, chef. Lei è molto gentile. Ecco, vede, nel sorbetto di olive mi sembra di avere riscontrato un sapore familiare. Sa, credo di averlo riconosciuto perché ogni tanto mi capita di acquistare i vasi di paté di olive "BEEEP" (avviso al lettore: il "beeep" sonoro serve a coprire il nome della marca) per le tartine e, vede, mi capita spesso, mentre lo spalmo, di assaggiarlo e...".

Lo chef intanto ha cambiato faccia. In pochi secondi si è spogliato di grembiule e sorriso, per indossare armatura e incisivi da belva feroce.

"...eee... come le dicevo, appunto, mi sembra che il sorbetto sia fatto con quello, non con olive fresche che, capisco, ci mancherebbe, dovrebbero essere molto mature, ricche di succo, non certo in salamoia, perché poi il sorbetto saprebbe solo di salamoia, per l'appunto. Cioè, ecco, qui si sente il conservante. Il freddo lo evidenzia in modo incontestabile".

Lo chef rimane in piedi. È più che dritto, praticamente inarcato, pronto a difendere la propria menzogna fino alla fine.

Abbozza l'inizio di un'arringa difensiva, balbetta: "Ehm, il fresc, perch lei fors nn cpsc la flsfia della mia cucina".

Certo della vittoria, lo incalzo: "Scusi, ma... mi sta supercazzolando?".

"No - fa secco lui - vorrei insultarla ma lascio stare perché sono un signore, io".

I miei commensali non sono pronti a subire un ulteriore minuto di tale imbarazzante situazione. Ammutolisco per un istante, poi sussurro in modo sufficientemente udibile: "Vorrei proprio vederle 'ste olive fresche del sorbetto".

Lo chef scompare in cucina, come prevede quest'antiricetta. Non lo vedremo più. Il conto punitivo ci viene consegnato da una giovane e tatuata messaggera incolpevole, spedita vigliaccamente in prima linea a scontare una vergogna non sua.

Il completamento dell'antiricetta prevede che lo chef mi tolga il saluto nei secoli, con mio grande piacere e doveroso, reciproco, disprezzo.

Note: il ristorante qui descritto non è più in attività, ma chi volesse informazioni più dettagliate sull'impavido Indiana Jones dei paté qui raccontato, può contattare in privato l'autore.

Le scorciatoie del mondo ristorante costituiscono un vero e proprio vizio che facilmente rende gli uomini non solamente schiavi dello stesso, ma, ancor più, suoi difensori irriducibili, pur di salvaguardare il proprio effimero valore sociale, da questo sostenuto e alimentato.

Come si può chiedere al ristoratore che si approvvigiona alla grande distribuzione di essere veritiero nel dichiararsi, dal momento che l'inganno è lo scudo stesso della sua propria metodologia di lavoro? Se il ristoratore omologato fosse costretto a guardarsi allo specchio o se le telecamere del *grande fratello* fossero costantemente puntate su di lui, egli si sentirebbe forse in dovere di essere il più virtuoso possibile, commisuratamente alla propria cultura e consapevolezza? Ciò non può però accadere, in quanto il sistema all'interno del quale egli opera è governato da una mediaticità che garantisce la trasparenza fittizia e modulabile, al fine di mostrare solo ciò che si vuole fare selettivamente vedere, a mantenimento del sistema stesso, ovvero il mondo social media (vedi capitolo "Media e Social").

Il senso di vergogna e il senso di colpa erano da considerarsi, nell'epoca pre social, regolatori etici. La *cultura di colpa* era caratteristica della civiltà occidentale moderna e cominciò ad apparire in Grecia in un periodo successivo all'epica omerica (essa in effetti appare già pienamente sviluppata nella tragedia). In una *cultura di colpa*, quando un uomo agisce in modo contrario al codice di comportamento imposto dalla società in cui vive o dalla sua morale religiosa, anche se riesce a evitare una sanzione penale, tende a riconoscere il proprio comportamento come errato e prova rimorso. Estinta ormai da tempo la *cultura di colpa* medesima, ci era rimasta almeno l'eredità storica della *cultura di vergogna*, fondata sul fatto che la sanzione per un comportamento errato non risieda nel senso d'indegnità che un uomo prova dentro di sé, ma nel biasimo della comunità. Pertanto, un comportamento non era considerato colpevole fino a quando su di esso non pesasse la disapprovazione della comunità, e la sanzione poteva anche risiedere unicamente nel senso di vergogna che affliggeva chi non si fosse mostrato all'altezza della sua fama, conducendo questi al pubblico disprezzo. In questo tipo di società, dunque, il bene supremo non stava nel godere di una coscienza tranquilla, ma nella conquista della pubblica stima. Ciò che interessava non era essere forti o coraggiosi, ma "essere detti" dagli altri forti o coraggiosi: la gloria (dalla traduzione dal greco di *voce*) consisteva nell'ammirazione e nella lode tributata dalla comunità a una persona che avesse mostrato il suo valore davanti agli occhi di tutti. Di qui l'importanza che assumeva la τιμη (timè), vale a dire l'onore, derivante dal pubblico riconoscimento. La τιμη, a sua volta, non era un sentimento astratto, ma si manifestava materialmente con tributi e onori riservati alle persone più valorose. Così, nell'*Iliade*, la schiava Briseide, il dono di guerra offerto da tutto l'esercito ad Achille, equivale alla sua timè, vale a dire al pubblico riconoscimento del fatto che egli è stato un guerriero prode.

Quando Agamennone sottrae la schiava ad Achille non fa altro che negare al rivale quest'onore, offendendolo davanti a tutti. Era appunto il pubblico onore a creare le gerarchie sociali e a motivare i comportamenti pubblici. Di conseguenza, la principale forza morale della società era il rispetto della pubblica opinione e il timore che una certa azione venisse disapprovata dagli altri: di qui appunto la *vergogna* che un individuo provava quando non riusciva a essere all'altezza della pubblica stima. Una *cultura di vergogna* condiziona fortemente gli impulsi personali di un individuo e lo indirizza verso comportamenti retti, nel senso che egli tende ad agire secondo schemi precostituiti dall'esterno, dai quali non osa discostarsi per non essere biasimato dalla comunità: tutto ciò che lo espone al disprezzo pubblico risulta per lui intollerabile, al punto che persino la morte è preferibile. Per impulso di questo condizionamento, Ettore rinuncia a fuggire e preferisce andare incontro al suo destino in un impari duello contro Achille. Ebbene, il *mondoristorante* oggi è un contenitore la cui esposizione mediatica costituisce un fenomeno sociale senza precedenti, sia per quanto riguarda la storia *pre* che quella *post* invenzione dei social. E la conquista della τιμη deve essere ottenuta a qualsiasi costo, distorcendo la realtà e recidendo a priori ogni possibilità di trovarsi a confronto con la vergogna, annientando la specifica attitudine morale sufficiente a detenere e difendere la verità in misura che basti alla conservazione di una sorta di compostezza sociale.

Non è l'occhio nudo della società a determinare l'onore e la vergogna dell'eroe, ovvero lo chef superstar sotto il riflettore, quanto invece l'occhio deforme e deformante del social media, attraverso cui la società è costretta a guardare.

Il degrado culturale derivante dalla super-semplificazione connessa all'attuale era ipersocial, da cui l'impoverimento del linguaggio e, conseguentemente, del pensiero, conduce inevitabilmente non solo al ribaltamento delle gerarchie in tutti i campi (vedi dichiarazioni post elezioni politiche 2018: "con i social non si vincono sicuramente le elezioni ma, senza i social, sicuramente si perdono") di cui tutti siamo colpevoli e impotenti testimoni, ma anche e soprattutto al connaturarsi di un sistema congenito di mantenimento di tale ordine: il pubblico riconoscimento non è più determinato da un suffragio critico retto dalla virtuosa interazione tra singolo individuo (che, in quanto fruitore di social, non ragiona più in modo autonomamente *disconnesso*, ma quale frammento uniformato alla massa – vedi le teorie di Elias Canetti applicate agli studi sui social) e Modello social, quanto esclusivamente dalla più o meno astuta capacità di indurre, e modulare, intorno agli eventi, una percezione il più possibile funzionale alla riuscita della rappresentazione del Modello.

L'aberrazione determinata da tale sabotaggio fa sì che, per ottenere la τιμη, non sia più necessario fare, quanto piuttosto *far credere che*. Nell'inedita società dell'ultimo ventennio, la τιμη, ovvero l'onore, dunque non risiede nella conquista della pubblica stima, bensì nell'occupazione arrogante degli ampi spazi lasciati vacanti dall'estinzione della cultura. Da qui, la nefasta alterazione strumentale in funzione di meri fini di marketing industriale.

In pratica, per ricevere il tributo di una τιμη autentica, basterebbe piantare un orticello e coltivarci l'insalata da servire ai propri clienti. Ma, disgraziatamente, in realtà è orribilmente sufficiente fingere di avere un orto per ottenere montagne di *like*.

Capitolo secondo
Vino

"Da che paese vieni?".

"Cosa?".

"Cosa è un paese che non ho mai sentito nominare... lì parlano la mia lingua?".

"Cosa?".

"La mia lingua, figlio di puttana, tu la sai parlare?".

"Sìì, sììì!".

"Allora capisci quello che dico...".

"Sìììì, sì, sì".

"Descrivimi perciò un vero vino toscano, che uvaggio ha?".

"Cosa?".

"Dì cosa un'altra volta, dì cosa un'altra volta, ti sfido, due volte, ti sfido, figlio di puttana, dì cosa un'altra maledettissima volta!".

"C'è il Sangiovese".

"Vai avanti".

"E il Canajolo".

"Secondo te sembra una puttana?".

"Cosa?".

Sparo un colpo alla spalla di Brett: "Secondo te... questo... è l'uvaggio di una puttana?".

"Nooooo".

"Perché allora hai cercato di fotterlo come una puttana?".

"Non l'ho fatto...".

"Sì tu l'hai fatto... tu l'hai fatto, Brett, hai cercato di fotterlo, ma al Sangiovese non piace farsi fottere da altra uva tranne che dal Canajolo... leggi la Bibbia Brett?".

"Sì"

"E allora ascolta questo passo che conosco a memoria, è perfetto per l'occasione: Ezechiele 25:17... 'Il cammino dell'uomo timorato è minacciato da ogni parte dalle iniquità degli esseri egoisti e dalla tirannia degli uomini malvagi. Benedetto sia colui che nel nome della carità e della buona volontà conduce i deboli attraverso la valle delle tenebre perché egli è in verità il pastore di suo fratello e il ricercatore dei figli smarriti. E la mia giustizia calerà sopra di loro con grandissima vendetta e furiosissimo sdegno, su coloro che si proveranno ad ammorbare e infine a distruggere i miei fratelli. E tu saprai che il mio nome è quello del Signore quando farò calare la mia vendetta sopra di te…'.

Pronti, via. Il grande salone della fiera *Terre di Toscana* è gravido di spirito alcolico e di afrore ascellare. La gente sgomita, accalcata ai banchi d'assaggio. Vesto la mia immancabile giacca bianca, come da antico personalissimo *self dress code* fieristico. Siamo entrati da pochi secondi e, subito, avvisto, sulla nostra destra, il banchetto di *Fattoria La Massa*.

"Questo! Assaggiamo subito questo!" esclamo entusiasta.

"Calma, calma… cos'è? Non lo conosco" mi interrompe Marina.

"Ma come? Non conosci *Giorgio Primo*? È uno dei miei miti, uno dei vini che hanno segnato la mia vita".

"Ahhh, di dov'è?" fa lei

"Panzano".

"Quindi è Sangiovese?".

"Sangiovese? Scherzi? Di più! Questo è uno dei più grandi Chianti di tutti i tempi".

"Dai, assaggiamo".

Ci avviciniamo al banchetto.

"Scusi, vorremmo assaggiare il *Giorgio Primo*".

L'addetto avvicina la bottiglia ai nostri calici, dispensando un esile dito del *Giorgio*, come si confà ai vini preziosi.

Lo avvicino, emozionato, al naso. Da molti anni manco l'appuntamento con questo pilastro della recente storia enoica toscana. Mi arriva, però, immediato, inaspettato, uno sbuffo di vaniglia a inerpicarsi su per le narici, fino al centro della fronte. Guardo Marina.

"La senti anche tu?"

Mi guarda, a sua volta, allibita.

"Sì" risponde, storcendo il labbro, come a chiedermi se sia sicuro di ciò che ho appena affermato.

Le faccio un cenno rassicurante, come a dirle: "Tranquilla, non soffro ancora di perdite di memoria senili, né, tanto meno, sono già ubriaco. È Chianti Classico. So quello che dico". Introduco il vino in bocca. All'improvviso, ecco le prime note di frutti neri, mescolate a sfumature verdi, concomitanti a chiare evidenze di vaniglia, nuovamente, e confetto della Prima Comunione. Confetto da tostature bordolesi, da *legno piccolo*. E nuovo.

"Accidenti, c'è qualcosa che non va", bisbiglio all'orecchio di Marina.

"Mi sa di sì" mi sussurra lei sorridendomi dolce.

Mi volto verso l'addetto alla mescita, lo fisso negli occhi.

"Scusi, posso sapere chi è lei, all'interno dell'azienda?".

"Sono un manager, mi occupo un po' di tutto" mi risponde.

"Mmm, senta, allora mi può aiutare. Mi scusi la franchezza signore, ma... sa io è da qualche anno che non seguo la vostra azienda; mi perdoni, posso chiedere se avete cambiato qualcosa nell'uvaggio? Forse mi sbaglio ma io sento il Cabernet Sauvignon in questo vino, percepisco chiare note bordolesi. E sento pure tanta *barrique*... non capisco...".

"Sì, in effetti ne abbiamo incrementato la percentuale. Complimenti, mi fa piacere che l'abbia notato!".

"Ah, beh se il Disciplinare lo consente, insieme al Sangiovese", commento senza curarmi di nascondere il mio disappunto.

"Disciplinare? - mi fa lui meravigliandosi con enfasi - È da tempo, sa, che non sottostiamo più al Disciplinare".

"Ah, ora capisco. Quindi la percentuale di Cabernet è molto alta?".

"Beh, sì, diciamo che a noi, come stile aziendale, è sempre piaciuto molto il Cabernet. E il nostro territorio è molto vocato per questo vitigno. Poi, la giusta percentuale di Merlot e infine il Petit Verdot vanno a sancire la chiusura del cerchio di questo vino".

Io e Marina ci guardiamo di nuovo. Le leggo negli occhi il tentativo di interpretare i miei pensieri. Nella mia testa erompono termini inequivocabilmente allusivi: prostituzione, puttana, fottere.

"Scusi, ho capito bene? Merlot? Petit Verdot?".

"Certo! Ma, forse lei è rimasto alla vecchia versione, con Sangiovese, Cabernet, Merlot e Alicante?".

"Accidenti!", esclamo io. "Mi sono perso un bel po' di co-se. Veramente sono rimasto alla versione Chianti Classi-co Docg. Era uno dei miei vini preferiti, ci sono cresciuto".

"Ehm, sa, il Sangiovese non è mai stato il nostro progetto fin dall'inizio. Pian piano l'abbiamo sostituito con il Cabernet Sauvignon, per arrivare a un vino più internazionale, fino alla versione definitiva che sognavamo da sempre e che lei adesso ha il privilegio di assaggiare".

"Ma come?" penso.

"Ma, a Panzano in Chianti?" dico.

"Certo, le assicuro che il nostro *terroir* è molto più adatto al Cabernet che al Sangiovese".

"Ed era il vostro progetto..." sottolineo io.

"Sì, certo" fa lui.

"Fin dall'inizio" rimarco ancora io.

A questo punto, il mio interlocutore enoico inclina leggermente il capo, accennando un sorriso accomodante e, simulando un composto stupore, aggiunge: "Piace a tutti. Questa è la versione che piace a tutti. A lei no?".

"Questo vino sa solo di vaniglia e confetto" gli faccio io "è un insulto alla storia. Vostra, mia e della Toscana".

"È giovane" risponde lui "diventerà un grande vino, mi dia retta".

"È inaudito", ribatto io. Un senso di ingiustizia che non so se trattenere o lasciar scorrere, comincia a farsi strada lungo le mie fibre muscolari. Tremo di rabbia.

Il manager finalmente smette di fingere di non essersi accorto dell'incompatibilità delle nostre posizioni e scende sul mio piano dialettico. Si accarezza il polsino. Gira con indice e pollice intorno al quadrante del suo orologio. Da bravo, ora prova ad accaparrare la mia benevolenza parlandomi dell'altro lato della medaglia: "Sa, il mercato. Sa, le guide. Sa, Parker. Abbiamo comunque ricevuto punteggi altissimi perché abbiamo fatto un vino internazionale; espiantare le vecchie vigne di Sangiovese ci ha dato la possibilità di realizzare un vino potente, rotondo, adatto al gusto internazionale. Sa, anche le esigenze del mercato...".

"No, non so" faccio io, secco.

"Non voglio sapere. Mi perdoni, sono scandalizzato. Lei mi sta dicendo che il vostro progetto, vent'anni fa, era quello di fare un vino standardizzato secondo i gusti e le esigenze di mercato del duemiladiciotto che voi, con infallibile chiaroveggenza, avevate previsto; questo lei mi sta dicendo. Io... io sono senza parole per descrivere questo abominio, a Panzano".

"Lei è un nostalgico, il mondo va avanti".

"Lei mi sta propinando un concetto di progresso che, se

credessi vero, dovrei immaginare Leoville Las Cases espiantare un giorno il Cabernet, per sostituirlo col Grenache".

Guardo il manager in silenzio, vorrei chiamarlo Brett. E, allo stesso tempo, vorrei essere Jules.

Ma non ho una pistola carica nella giacca, così prendo la mano di Marina e approfittando della calca di assaggiatori strillanti che pressano sulle nostre schiene, ci defiliamo circospetti senza salutare Brett.

Al banchetto immediatamente a fianco c'è *La Poderina*, azienda di Montalcino. "Proprietà prima di SAI, ora di Unipol - faccio notare con un velo di preoccupazione a Marina - ma, a pensarci bene, possiamo stare tranquilli. Nonostante tutto, hanno sempre fatto un Brunello in regola".

"Meno male" sospira lei.

Le faccio un sorriso: "rifacciamoci la bocca, dai".

Non ho ancora completato il sospiro di sollievo necessario a scrollarmi di dosso il rancore verso il modello *Giorgioprimo*, mentre capto le prime particelle volatili del Brunello di Montalcino La Poderina.

Di nuovo i nostri sguardi s'incrociano e una bozza di rassegnazione appare sui nostri sorrisi.

"Dica" rivolgendomi al mescitore "che stile è mai questo? Oserei definirlo cabernetizzante…".

"Lo ha notato, allora" sorride soddisfatto quest'altro Brett. "Questo è senz'altro il nostro miglior prodotto, la nostra annata *mirabilis*".

"Preferivo il vecchio stile, più tradizionale. Qui c'è troppa *barrique* per i miei gusti".

"La *barrique* è necessaria a creare un vino di grande stoffa ed eleganza" m'interrompe lui con tono didattico.

"Non sono d'accordo" taglio corto io.

"Guardi che Parker ci ha dato novantaquattro centesimi!", proclama lui.

A questo punto una vibrazione tremolante si impadronisce della mia palpebra. E, in pochi istanti, anche delle mie labbra.

"Scusa Marina, ma è più forte di me" sussurro alla mia compagna.

Rapido, mi rivolgo di nuovo a Brett *L'altro*.

"Ah perché adesso lei mi dice che Parker capisce qualcosa di Brunello?".

Brett *L'altro* è attonito.

"Perché anche se così fosse, e comunque non è così, le sembra normale che io le chieda informazioni sul vostro vino e che lei mi risponda coi novantaquattro punti Parker? Che non ha mai bevuto un Brunello prima dell'altro ieri? Ma cosa mi sta dicendo? A questo vi siete ridotti tutti quanti, signor Brett? Questa è schiavitù da omologazione. Questa è Matrix. Lei se ne rende conto? O non se ne rende conto? Dovete vergognarvi!" urlo.

"Calmati Luca, smettila. Ti stanno guardando tutti. Sembri un ubriacone" m'interrompe Marina.

"Mi calmo un corno! Ci ho messo venticinque anni per imparare a bere. Venticinque. E dopo tutta questa strada, questa vita, cosa mi tocca sentire? Questo zombie. Questo Brett! Parker, puah! Cos'è mai Parker? Non è più nemmeno un uomo Parker. È un timbro, un marchio; è il marchio dell'omologazione, la quadra di un sistema che ha condizionato tutti quanti. Sì, ha condizionato la storia, tutto questo. Irreversibilmente".

Lascio il calice da degustazione sul banchetto di Brett *L'altro* che, totalmente indifferente e prontamente dimentico del mio sfogo, sta già intrattenendo con gentilezza i visitatori a me successivi. Mi dirigo a passo spedito verso un'uscita, in cerca di aria. Raggiungo una panchina appartata nel parco. Mi seggo. Mi accendo una sigaretta e mi perdo nell'orizzonte verso il mare. Io ho fede nel mio percorso, nei miei maestri, e non rinnego un istante dei vent'anni interamente dedicati al mio mestiere e sottratti agli affetti, alla famiglia, agli amici. Ciò però non è forse sufficiente a sopravvivere a me stesso: potrei davvero, io, essermi trasformato in un rigido reazionario petulante, incapace di distogliermi da una logica obsoleta che rischia di essere totalitaria e troppo soggettiva dunque, oltre che morbosa, nel giudicare la storia? Ha ragione Brett, dunque? Il mondo va avanti e io sono soltanto un nostalgico incapace di adeguarmi spensieratamente ai tempi?

Per certo mi sono appassionato al vino e al *mondoristorante* nella sua completezza subendo una programmazione psichica subliminale e involontaria nel trascorrere l'infanzia a costante contatto con mio padre. E, se da mio padre ho ricevuto il primo bicchiere di vino, da Luigi Veronelli ho ricevuto poi l'anelito verso il sapere.

Per il resto, il mio percorso è simile a quello di tutti: gli assaggi delle prime bottiglie importanti con i miei amici di Università e con le mie fidanzatine. Ci si trovava una volta alla settimana a casa di uno o dell'altro a provare a diventare uomini con un calice in mano. Oppure in questa o quell'enoteca: mi piacevano i Cabernet Sauvignon molto barricati, cileni e californiani. Oh se mi piacevano! Quel buon aroma di legno tostato, mirtilli, cacao, caffè e, ovviamente, vaniglia.

Poi, i primi Sassicaia, i Guado al Tasso, i Pelago. Compravo tutte le guide e le divoravo come fossero almanacchi del calcio. Assetato di conoscenza ma permeato di ingenuo entusiasmo, catalogavo tutti i vini che vincessero il leggendario premio dei *Tre Bicchieri* del "Gambero Rosso". Il mio scopo era berli tutti il prima possibile, poi comprarli e accumularli, solo in ultimo imparare a distinguerne le differenze. E ogni volta che stappavo una bottiglia, ne staccavo l'etichetta per appiccicarla come una figurina sul mio album dei vini. Ero alla scoperta innocente di un universo elettrizzante per la sua vastità, scevro di spirito critico giacché privo di esperienza. Non scartavo nulla, era tutto valido, tutto bellissimo, tutto entusiasmante. Ma ora sono passati venti o venticinque anni. Ho l'impressione di avere fatto un lungo viaggio. Di essere stato in una terra lontana ad addestrarmi. E, un giorno, sono tornato a casa, ma ho trovato ogni cosa diversa da come mi sarei aspettato. Come se mi fossi allenato e preparato per un mondo che non parla più nemmeno la mia lingua, dopo tutto questo tempo. Per troppo tempo sono stato via.

Spiegare il mio percorso di questi vent'anni e perché Parker ci abbia condizionati al punto di immaginarmi di essere un fungo atomico sterminatore che ponga fine a tutto ciò è possibile, anche se occorre fare un passo indietro. Prima, però, è necessario bere un drink, ma non un drink qualsiasi.

Ricetta di oggi: "Oyster Martini"

Siete contrariati e confusi, in cerca di lucidità. Se avete deciso di trovarla, le vostre coordinate geografiche vi collocheranno certamente a Lido di Camaiore, in visita a una fiera del vino. Avete a vostra disposizione sequele di campioni vincitori di premi: tre bicchieri, cinque grappoli, novantacinqueparker e tutto il resto. Gratis. Avete solo l'imbarazzo della scelta tra tutti i migliori vini toscani. Ignorateli.

Ora, uscite dalla fiera. Raggiungete la rastrelliera, prendete la bicicletta che avrete precedentemente noleggiata e preparatevi a concedervi una pedalata attraverso l'aria frizzante del litorale, che gioverà alle vostre ossa e alle vostre meningi. Una volta montato il velocipede, raggiungete Forte dei Marmi seguendo la ciclabile. Tempo di percorrenza: venticinque minuti. Venti, qualora foste particolarmente esacerbati, serviranno a sfumare i bollori e compattare le idee. Mettete tutto insieme senza timore. Fermate e parcheggiate il mezzo, solo una volta giunti davanti a Fratellini's. Entrate. Salutate calorosamente il barman. Chiedete di potervi accomodare davanti al locale, all'esterno, vista strada. Osservate ora i passaggi intermittenti, per nulla sagaci, dei gruppi di ciclisti in fila per tre. Considerate che esistono problemi peggiori rispetto al vostro. Ora siete pronti per ordinare l'*Oyster Martini* di Andrea Silvestri. Questo classico, sporcato con acqua di mare, direttamente estratta dall'ostrica viva, in quantità non dichiarata, è il motivo per cui siete venuti qui. Il barman, per buona creanza, vi elencherà rapidamente ingredienti e dosi ma, presto, ne perderete memoria, così come del vostro odio per Parker Jr .

Nota importante: se siete amanti della *Belon*, rimandatela alla tarda sera per la vostra cena all'Osteria del Mare (a fianco di Fratellini's) o a casa vostra (vedi il paragrafo "Il colpo della Belon"): questa ostrica sublime va degustata da sola, mai in accompagnamento a detto cocktail, insieme a cui, invece, a ornamento e da mangiare alla fine (al posto dell'oliva) sarà servita una più adeguata, equilibrante, *Fine de Claire*, ineccepibilmente asciugata.

***

1999. Ieri.
Mio padre, Chef Augusto, il grande Chef Augusto Farinotti, mi prese a lavorare con sé su mia richiesta nel 1999. Alla fine del Liceo mi ero convinto di avere dissolto i miei ultimi sprazzi di conflitto edipico, frantumando con violenza molte mazze da baseball e racchette da tennis su una cavallina da palestra imbottita, che chiamavo convenzionalmente Papà, nello studio della mia psicologa Margherita. Gli ultimi quattro fendenti, scagliati in un tiepido mattino autunnale, mi avevano così alleggerito e soddisfatto che mi convinsi di avere finalmente ammazzato il fantasma della mia infanzia. Sicuro di aver assolto il Vecchio, raggiungevo così la mia catarsi. In effetti, lo avevo perdonato, ma solo momentaneamente. La vita in proprio che mi ero fabbricato in seguito a quell'evento, per quanto dolce, cominciò inaspettatamente a perdere fluidità e spessore col trascorrere del tempo: non mi andava giù di aver assassinato mio padre, per poi sbarazzarmi del suo cadavere, abbandonato ai piedi di una cavallina, senza avergli reso i dovuti ossequi. Avevo poi traslocato in lidi lontani, credendomi libero. Reiterare la remissione da lontano, però, non ne sancisce l'autenticità dato che, ovunque tu sia, ti porti al seguito te stesso, a Benares piuttosto che

a Madrid. E dentro di te è archiviato ogni istante della tua vita con la forza inesauribile del fuoco sotto la cenere. Così, un bel giorno, lasciai che il desiderio di tornare sul luogo del delitto riemergesse; d'altronde ero ormai abbastanza grande per incontrare ancora mio padre. E odiarlo di nuovo.

Lo Chef era emotivamente inavvicinabile, perciò decisi di prenderla alla lontana. Ero convinto che passare un po' di tempo con lui avrebbe fatto bene a entrambi e decisi che, se avessi trovato il modo di lavorare per qualche tempo al suo fianco, sarebbe stato un ottimo stratagemma.

Non avevo fatto calcoli, ma presupponevo che avrei potuto stare con lui per un'estate all'incirca; il tempo necessario, insomma, a riesumarlo, resuscitarlo, guardarci in faccia e mettere le cose in chiaro. Un'estate.

In realtà, sarei rimasto con lui dieci anni. A saperlo prima...

Mi presentai al suo ristorante all'inizio della primavera e coraggiosamente gli domandai un lavoro.

Chef Augusto era burbero, aggressivo e terribile. La comprensione e l'affetto gli erano sconosciuti e custodiva in sé un'intransigenza da brigata tipicamente francese. Per tutti era il Re. *Il Re della brace è morto* scrissero i giornali nel giorno in cui tragicamente incontrò il suo destino all'improvviso, molti anni dopo gli eventi qui narrati.

Alla mia richiesta dunque, egli semplicemente rispose "vai alla lavapiatti, poi vediamo".

Mi schierai alla Zanussi per il pranzo della domenica e ne uscii con le ossa rotte, come non avrei mai immaginato. Ricordo di aver desiderato chiaramente di essere in qualsiasi posto al mondo tranne quello in cui ero.

Ma superai la prova senza favoritismi e fui arruolato.

Mia nonna, la Rina, detta anche *la Cerbera dei lavapiatti*, si assunse l'onere di affiancarmi.

Mi insegnò a ottimizzare i risciacqui prelavaggio e a governare l'alternanza tra piatti e posate e, cosa più importante, a imitare le articolate evoluzioni delle sue nodose mani da *rezdora* navigata, per amministrare come si deve lo strofinaccio asciuga-stoviglie.

Era una colonna la Rina; ogni giorno all'albeggiare, potevi vederla claudicante, piegata in due, sormontata da un enorme mastello sorretto a stento e colmo di pesanti tovaglie fresche di bucato. Usciva nel prato quando ancora la nebbiolina vaporosa del mattino sfumacchiava fino alle caviglie. Cantava i successi di Claudio Villa che si perdevano nella campagna e si metteva a stendere.

Il mio apprendistato di lavapiatti sotto la sua ala proseguì per un paio di settimane, mentre lo Chef mi osservava attento, sotto i baffi talebani e dietro le lenti fumé dei suoi grandi occhiali da *anni di piombo*, seminascosto nella sua postazione.

Del servizio, quello vero e adrenalinico nel cuore del conflitto, mi arrivava ben poco a quell'epoca. Un'eco confusa di rumori e voci. Sentivo spesso lo Chef imprecare contro i camerieri senza udire mai le loro risposte mentre io me ne stavo zitto a infilare disciplinatamente cestelli di stoviglie; la mia parte finiva lì.

Giorno dopo giorno aspettavo l'aprirsi di uno spiraglio per entrare in confidenza con lo Chef.

Un'attesa fatta di monotonia intervallata da rare bolle di magia, come quella perfetta in cui spalanchi il portello della tua fidata compagna e il vapore si sprigiona gonfiandosi lievemente per poi colarti addosso. Un momento di ovatta, fermo, dall'onda lunga. Galleggi sospeso in quel vuoto di suoni, per qualche dilatatissimo secondo. Poi, fluido, riprendi lo strofinaccio e fai partire dolcemente quel movimento perfettamente rotatorio del tuo palmo, lasciando che il calore della porcellana ti penetri nei polpastrelli, risalendoti le braccia. Fino alle spalle, perfettamente oliate e scevre da ogni rischio d'infortunio. E poi, pufff, svanisce. Momenti di poesia da taschino che, dissolvendosi in un lampo, ti restituivano soltanto una schiena spezzata, un paio di gambe gonfie come salsicce e una voglia madornale di arrivare alla fine per arrotolarti una sigaretta e mangiartela in un solo, unico e lussurioso tiro mentre guardi distrattamente il cielo.

Le settimane si susseguivano e lo Chef si limitava a controllarmi da lontano. Io invece mi avvicinavo sempre più al suo mondo; risistemai una stanzetta, facendone il mio nuovo alloggio, al piano superiore del ristorante, con lo sguardo sui boschi. Non godevo di alcuna comodità. Però avevo il profumo della campagna ad infilarsi inestinguibile nella mia finestra sempre spalancata, e i miei libri. E il mio tabacco Barclay, certo.

Poi, finalmente, una sera di fine estate, lo Chef mi chiamò a sé "vieni, ti devo parlare". Mi fece segno di raggiungerlo sul retro del ristorante. Se ne stava appoggiato con i gomiti sulla ringhiera del terrazzino a riposare la stanchezza nella brezza leggera. Il tramonto era, come sempre, rosso da togliere il fiato, dietro al podere dei Terzi, dal lato di fronte alla vallata. Io mi sedetti sugli scalini e mi fabbricai una sigaretta per darmi un tono. "Senti..." attaccò: "perché non provi a fare qualche servizio in sala?".

Mah, figurati, pensai... sono venuto a fare il lavapiatti per risolvere il nostro rapporto io, mica voglio impararlo davvero questo lavoro... e poi, poi io sono uno scrittore, un intellettuale. "No... non mi ci mischio, io, con dei camerieri", risposi indirizzando lo sguardo verso gli ultimi raggi di sole. I nostri sguardi, rapiti dal crepuscolo, non potevano incontrarsi ma, mentre pronunciavo la parola camerieri, lo feci con un tale disprezzo che riuscii a figurarmi la sua smorfia.

"Cos'è? Ti vergogni?" brontolò. "No, no figurati, è... che non so fare niente, non so niente".

"Beh, manca un cameriere venerdì, perciò tu stai in sala. E impari", tagliò corto lui.

"Sai papà...- risposi - anni fa ho visto un documentario sulla vita di Anthony Quinn. Un giornalista a un certo punto gli chiede: qual è il mestiere che non avresti assolutamente mai fatto, nemmeno sul punto di morire di fame, se non avessi sfondato come attore? E lui, Quinn, rivolge il suo sguardo da messicano incazzato dritto verso la cinepresa e, senza indugio, risponde secco:... *waiter*! Beh, porca miseria, penso che Anthony Quinn non dica certo stupidaggini solo per dare aria alla bocca".

Ma a mio padre non importava nulla di Anthony Quinn, né delle mie stupide filosofie.

"Sì, sì, digli, ad Anthony Quinn, di venire qui che lo sistemo io..." chiosò.

Cominciai a intuire, mentre osservavo noncurante i cerchi di fumo della mia sigaretta che giocavano con i residui bagliori della sera, che a quell'omone, che io avevo rivoluto nella mia vita, non sarebbe mai importato nulla dei miei propositi; egli non si sarebbe mai inerpicato né mai abbassato a quel contatto che io mi ero augurato a beneficio della mia vera pace.

Egli era un uomo retto, non per educazione o ideologia. Lo era e basta. Egli era un uomo puro. Non certamente perché si fosse liberato dai suoi demoni scagliando la sua *Slazenger* di legno contro un'afona cavallina da palestra. Era così e basta.

Aveva scelto molti secoli prima di mantenere intatta l'innocenza del bimbo che era stato, rivestendola di corazze fisiche e posture inespugnabili. Egli era ciò che era, in ogni cicatrice delle sue meravigliose mani, in ogni lucchio dei suoi veloci e frenetici occhi. E non aveva alcuna necessità di riposizionarsi rispetto al mondo né, soprattutto, rispetto a me.

Non ci sarebbe mai stata l'occasione buona per affrontarci da uomo a uomo. Lui rimaneva padre, io figlio. Rimandai così la questione, definitivamente, a data da destinarsi. Ero andato al Tempio convinto di trarre una benedizione, invece cominciai a rendermi conto che il mio avrebbe potuto facilmente rivelarsi come un viaggio senza ritorno su una collina dove si impartiscono le lezioni che non immaginavi e che non hanno mai un finale: i rapporti umani durano per sempre, sono in divenire e la tua unica possibilità è vivere il presente.

Accettai così di andare in sala a fare il cameriere, se non altro per provare a smentire Anthony Quinn e combattere la mia viltà. Imparai, per prima cosa, a portare i piatti. In secondo luogo dovetti smettere di provare a puntellare intorno a me coordinate temporali entro cui collocarmi; mi apprestai così ad apprendere un mestiere, giorno dopo giorno, senza pensare più al domani.

Fu così che due anni dopo, una domenica di quasi primavera, poco prima di Pasqua, presentai ai tavoli della Brace di Maiatico, la mia prima carta dei vini. Del motivo per cui ero approdato a lavorare in un ristorante come lavapiatti, ritrovandomi due anni e otto mesi più tardi a fare il responsabile della cantina, non avevo più ricordo. Ero lì e vivevo il mio presente, la cui epifania si esaltava in una selezione enoica edificata con passione esponenzialmente crescente e compilata, altresì, sulla scia di modalità più letterarie che *ristorantizie*. Ero fiero di me. La mia sudata opera esibiva più di un migliaio di vini suddivisi per regioni, poi per sottozone e infine per vitigni o *blend*. Nel caso delle regioni più importanti, Piemonte e Toscana, oltre ovviamente alla Francia, avevo suddiviso le voci per comune, frazione e Cru, conferendo alla mia lista una trama ampia ed esauriente che la faceva assomigliare più a una guida o a un grande libro sui vini che a una carta delle bevande. Stringevo tra le mani con orgoglio il frutto di questo sforzo quasi onanistico, inebriato, dopo aver trascorso in bianco le quattro notti precedenti all'esordio, così ansiosamente concentrato sulla cura della massima perfezione formale. Avevo ricontrollato decine di volte che le percentuali dei vitigni presenti in ciascun vino elencato fossero riportate tra parentesi, con le giuste spaziature, e senza errori tecnici (e così: 74% Cabernet Sauvignon, 19% Merlot, 7% Petit Verdot) e non solo: i nomi delle aziende produttrici con relativo indirizzo non dovevano presentare alcun refuso, gli incolonnamenti dovevano essere ordinati da una geometria ineccepibile e le annate di ciascun vino, in verticale, catalogate in perfetto ordine decrescente di vendemmia.

I prezzi prevedevano un ricalcolo quotidiano dei ricarichi precedentemente studiati al dettaglio, in base al residuo di magazzino e in seguito a ogni singola bottiglia aperta; una carta sensibile, dunque, anche a più ristampe quotidiane.

Questa opera maniacale rappresentava due anni di studi morbosi, di ricerca impetuosa, di assaggi compulsivi e, infine, di scelte indipendenti, a cui era imposto però di affiancare con religioso rispetto le monumentali riserve storiche della già mostruosa cantina dello Chef.

Era domenica mattina e stavo per esordire. Non riuscivo a frenare l'eccitazione al pensiero, da una parte, di tutta la strada percorsa e, dall'altra, di ogni singolo momento in cui avrei adagiato nelle mani di ciascun mio privilegiato cliente la mia ineguagliabile carta dei vini.

Mentre mi prendo cura degli ultimi particolari della *mise en place* della sala centrale, squilla il telefono.

È mia zia: "Ho avuto una soffiata, oggi viene a mangiare Chichibìo!".

"Ah" rispondo snodato, mascherando l'emozione "bene... bene. Come lo riconosco?".

"È così, così e cosà", risponde lei.

"Grazie della dritta zia, poi ti faccio sapere".

"Sì, mi raccomando, fatti onore!", mi incoraggia lei.

Il famigerato, temutissimo Chichibìo, il critico gastronomico più feroce del pianeta. L'incubo peggiore di ogni ristoratore, *l'angelo vendicatore* dei pallini e delle stelline su carta. Nel giorno del mio esordio! *Chichi*, come l'avrei chiamato io negli anni a venire, era solito presentarsi in incognito. Correvano i primi anni delle sue terribili scorribande tra i locali di Emilia, Lombardia e Liguria che potevano decretare la tua consacrazione o un siluramento senza attenuanti. Nessuno conosceva davvero la sua reale identità. Io avevo però l'identikit di mia zia, fortuitamente sua collega nel Liceo in cui entrambi insegnavano. Quindi partivo con due gol di vantaggio. Avrei potuto smascherarlo già sulla soglia e apparecchiargli così un servizio su misura, sartoriale, curato in ogni dettaglio.

A Chef Augusto non interessavano i punteggi delle guide. Le recensioni della stampa e le maniere dei critici lo nauseavano. Aveva abbandonato con noncuranza il suo ristorante urbano alle porte della prima stella Michelin, rifugiandosi in un locale di campagna per poter esercitare il diritto alla schiettezza e, talvolta, all'impudenza. Era dunque disinteressato all'evento, oltre che vagamente infastidito dalla mia eccitazione. Io, invece, ero drogato di giovanile ambizione e affamato di gloria di fronte al mio primo incontro con la critica; sognavo il mio primo passo verso i punteggi, poi l'ascesa nelle guide, le tre stelle Michelin, il premio di *Miglior carta dei vini d'Italia* dell'*Espresso* e del *Gambero Rosso*, le lettere di complimenti di

Luigi Veronelli, in cui di suo pugno mi avrebbe indicato come il miglior giovane ristoratore e tutto il resto. Un favoloso delirio, un'ubriacatura di ambizione senza precedenti, una mitomania inebriante. Più io scalpitavo, più lo Chef inorridiva. A lui procurava godimento punire i critici con conti devastanti, facendo pagare loro anche la cosiddetta aria che respiravano. Io invece ero pronto a rinnegare questo genere di svago, prodigandomi in gentilezza, ospitalità e charme. E, nondimeno, a leccare golosamente tanti culi in nome degli omaggi della critica.

"Non leccargli troppo il culo Luca, quei critici lì non capiscon mica niente di mangiare", mi dice, voltandomi la schiena e sgranocchiando un grissino appena sfornato. "Dai lasciami godere questa giornata, pà, lasciami fare".

"Dai lasciagli godere questa giornata, Augusto, lascialo fare", fa eco mia madre, mentre gli assesta uno schiaffetto sulla mano che, furtiva, prova a sottrarre un altro grissino caldo dalla teglia.

"*Ma famm al piazer*" risponde lo Chef che, stizzito, afferra dispettosamente il grissino e abbandona la cucina.

Vorrei protestare ma mia madre tifa per me, come tutte le madri. "Vedi, lui se n'è andato dalla città proprio perché non sopportava più queste cose, i critici, le guide, quelle cose lì insomma, non essere arrabbiato, è tuo padre".

"Mamma!" rispondo io "ma tu mi avevi detto, quando ero piccolo, che se n'era andato perché il suo socio aveva la sindrome delle gambe senza riposo e batteva sempre il piede sotto al tavolo e lui non lo sopportava. Bugiarda!".

Ci facciamo una risata e andiamo a occupare i nostri posti in attesa dei clienti e, soprattutto, di *Chichi*. Lo Chef rientra in postazione con gli occhi un po' allungati, da cinese seduto lungo il fiume, e un sorrisino sornione, quasi profetico.

Chichi si presenta in leggero anticipo rispetto all'orario di prenotazione e all'orario di apertura stesso del ristorante. Sono le 12,15 circa e vuole controllare a sorpresa la nostra prontezza sul pezzo. "È proprio un prof..." ridacchio tra me e me.

C'era però un fattore che non avevo considerato: in realtà non conoscevo il nemico. Non avevo idea di cosa significasse avere a che fare con un critico vero.

Chichi scende in campo con la moglie parigina snob, un gioco delle parti di coppia che non aiuta certo la necessità di un disgelo iniziale e che, anzi, sancisce come inattuabile la *captatio benevolentiae* che avevo troppo incautamente prevista agevole.

Si siedono, aprono il *menu*, lui chiede subito la carta dei vini. Lei si guarda intorno scocciata, giudicando ogni cosa che passi davanti ai suoi occhi come pallosa e di cattivo gusto.

"Ho sentito dire che lei è un grande appassionato di vini", esordisce minaccioso Chichi "vediamo cosa ci offre di buono la sua cantina".

Sfoglia, chiude, pensa. Riapre. "Ci porti un Merlot Beringer Riserva 1997, Napa Valley, grazie...".

Mi allunga la lista chiusa.

"Certamente *monsieur*!".

Faccio qualche passo con la carta sottobraccio, mi fermo, mi si gela il sangue. Penso: "Oddio! I vini di Beringer non sono ancora arrivati".

"E ora? Sono fregato".

Corro dallo Chef "Papà, merda, quello mi ha chiesto un vino che non è ancora arrivato. Cosa faccio adesso?".

"Ti arrangi" mi risponde secco.

"*Sticazzi!*" penso "E va bene... maledizione".

Sudo caldo. Torno al tavolo.

"Ehm, *monsieur*, chiedo scusa…".

Mi squadra.

"C'è un piccolo inghippo", proseguo.

Continua a squadrarmi.

"Purtroppo la carta è stata stampata in questi giorni, in previsione di ricevere per tempo tutti i vini elencati, ma c'è stato un problema con la consegna venerdì, e non sono in grado di servirle il vino richiesto".

Mi guarda senza reagire. Allunga la mano: "mi dia!".

Mi scuso nuovamente e porgo timidamente il librone dei vini all'inflessibile *Chichi*.

"Scelga tranquillamente quello che desidera, signore, è l'unico vino, le assicuro, che manca, quello che mi ha chiesto. Per il resto c'è tutto, può esserne certo" cerco di rassicurare.

"Se lo dice lei…" ribatte lui, mentre riapre la carta.

"Stia tranquillo, è un circoscritto problema di consegna indipendente da me" protraggo la mia autodifesa.

E lui mi dice secco, aprendo, sfogliando, sospirando: "Beh, il problema è suo. Io ho ordinato un vino che lei ha messo in carta. Comunque, sceglieremo un'altra cosa".

Scorre velocemente, si ferma di colpo e indica un vino con l'indice in modo spiccio: "Mi porti questo".

È un Cabernet Sauvignon 1997 di Beringer, Napa Valley.

"Ora svengo" mi dico.

"Signore, come le ho detto - balbetto - i vini californiani dovevano arrivarmi venerdì ma non sono arrivati, il vino che lei mi indica fa parte della stessa spedizione del precedente, chiedo scusa".

E lui, ironizzando: "Ah già… giusto!".

Ora ride sotto i baffi scambiandosi uno sguardo d'intesa con la sua consorte transalpina, che gli carezza la mano, sussurrando "ehhhh, caro… come a dire: questi giovani presuntuosi e ignoranti!".

"Non ci avevo pensato" riattacca lui "…comunque le consiglio di non mettere in carta i vini che non sono presenti nella sua cantina, o si rischia di fare notte prima di trovare qualcosa da bere, senza contare che qualcuno potrebbe risentirsi molto più di me".

"Ha ragione signore, non è colpa mia, sa… questi corrieri, queste aziende, sa, questi rappresentanti…".

"No, non so" risponde lapidario.

Riapre la carta, "cambiamo zona, eh? Forse è meglio".

Toscana: mi chiede un Castello di Brolio 1997, Barone Ricasoli. Sobbalzo. Nella mia testa compare immediata, chiarissima, l'immagine delle mie mani che stappano l'ultima bottiglia di Castello di Brolio, esattamente la sera precedente. E io ho dimenticato drammaticamente di depennarlo. Mi metto le mani nei capelli. "Non è possibile" penso, "questa non è sfiga, è una disgrazia vera".

La mia memoria mi ripresenta il ricordo di quando, in quarta Ginnasio, la prof. Gallo, di matematica, il primo giorno di interrogazioni, scorre il registro sei volte su e giù prima di far echeggiare nell'abominevole silenzio dell'aula magna del Romagnosi il nome dell'interrogato: Farinotti! L'argomento dell'interrogazione è il comportamento di due linee rette parallele all'infinito: si incontreranno o no? Ma io non ho aperto il libro e soprattutto non ho ascoltato una sola parola nella lezione del giorno prima. Così vengo rimandato al posto tra gli impietosi applausi scroscianti dei miei compagni e con il primo rilucente 4 della mia storia liceale.

"Perché sempre a me?", penso. "Perché?" Beh, se Marina, tutt'oggi, mi chiama affettuosamente *Donald* (riferendosi a *Duck*, non certo a *Trump*) c'è un evidente motivo genetico. Ma adesso sto per piangere.

Insomma, la lezione che il destino e *Chichi* mi stanno infliggendo sta assumendo toni durissimi. Siamo al quindicesimo del primo tempo. Avevo pensato di partire con due reti di vantaggio e invece mi ritrovo sullo zero a quattro senza aver toccato ancora il pallone e con la serissima prospettiva che il match finisca nella più umiliante goleada della storia. D'altronde quella piccola astrologa di mia madre me l'ha sempre detto che il mio maledetto Saturno quadrato a vattelappesca mi condanna dalla nascita.

"Signore, il Castello di Brolio...".

"Non mi dica!" m'interrompe, "...venerdì?".

Il suo tono ha la delicatezza del minimo impatto, ovvero una consolatoria, compassionevole metaforica pacca sulla spalla che ha l'efficienza di un destro da *knock out*.

"Veramente, glielo assicuro, lo giuro, l'ho finito ieri sera, è imperdonabile tutto ciò, mi rendo conto... non so come giustificarmi."

"Senta..." riattacca lui.

"È vero, mi creda, è la verità!" lo interrompo di nuovo, in preda a un disperato fervore oltre i limiti dell'educazione.

"Senta... Guardi, lasciamo stare" taglia corto lui "andiamo oltre, mi dia una bottiglia di vino qualsiasi, scelga lei".

Raduno tutto l'amor proprio che posso, raddrizzo la schiena il più possibile, mi stiro le pieghe dalla camicia e mi allungo il più possibile le maniche per riacquistare dignità.

"Se posso permettermi, a questo punto, le suggerirei un Casalferro del 1997. È della stessa azienda di Castello di Brolio, altrettanto buono, un po' meno tradizionale, ma la mano è la stessa. Quello c'è!".

"Quello c'è..." ripete lui alla moglie. "È della stessa azienda" ripete ancora, retoricamente.

"Sì signore, quello c'è".

Nell'articolo che esce la settimana successiva, *Chichi* incensa la cucina dello Chef, celebra i suoi piatti sapienti e ben governati. Poi parla della cantina, definendola virtuale.

Rileggo l'articolo più volte, cercando tra una riga e l'altra, perfino nella modulazione della punteggiatura, almeno uno, e uno solo, spiraglio di salvazione. Non c'è. Mi resta dunque la contemplazione della mia nefasta ambizione e dell'ipertrofia del mio ridicolo ego. E, soprattutto, realizzo di essermi inflitto un trauma che, a beneficio della mia crescita, non dovrà mai essere rimosso.

Rimasi nascosto nella mia vergogna per molti giorni, cercando di scacciare l'immagine ricorrente di quell'articolo che mi compariva ripetutamente davanti agli occhi, luminosamente e brutalmente incorniciato. Mi appariva anche il ghigno satanico di *Chichi* che scoppiava a ridere di me. Camminavo con le orecchie basse e la schiena ricurva.

Poi, pian piano, cominciarono a consegnarmi tutti gli ordini di vino ritardatari e, nel giro di qualche settimana, la mia cantina si mise in pari con la lista. Il mio senso di vergogna reclamava ora la sua τιμη; non ci fu bisogno di promettere a me stesso che non mi sarei mai più trovato nella situazione di dover negare una bottiglia a un cliente, perché non ne sarei più stato capace. Quasi come se il battesimo del terribile *Chichi* avesse inciso nelle mie mani le stigmate del mio mandato. Decisi senza ripensamenti così di disciplinarmi, coltivando la pazienza di un compilatore benedettino, il rigore ascetico di un mistico islamico e la marzialità di un samurai.

Avevo bisogno di maestri.

L'unico maestro che avevo avuto fino a quel giorno era mio padre che applicava il metodo insensibile del *karateka*, ovvero "osserva e impara". E su questo, non c'erano possibilità di negoziazione. Perciò decisi di lasciare che fossero le leggi dell'attrazione a mettermi sul cammino le persone più affini al mio modo di apprendere e confrontarmi, così da poter essere guidato e ispirato nel realizzare la mia vocazione.

Il primo ristoratore che consacrai al ruolo di interlocutore d'elezione si chiama Sandro Levati, detto anche l'*Orso*, il *Frate del Taro* e il *Burbero* ma anche, solo per pochi, il *Maestro del Fiume*.

Il suo menu recitava, in prima pagina: *Bere vino con la cravatta può essere dannoso per la salute. Vietato fumare e cellulare.* Come avrei potuto non innamorarmi di lui a prima vista? Per questa scritta certo, ancor più che per la bellezza dirompente del suo ristorante, posato tra i campi ai piedi dell'Appennino e lungo il fiume. Ma anche per l'arte meditata esposta alle pareti, per la scritta *Far niente* appoggiata a una panca. Per i suoi meravigliosi cristalli e le sue bottiglie. Per la sobrietà con cui le sue eleganti posate d'argento riuscivano ad accordarsi col sapore di campagna della sua sala, dominata dal grosso caminetto acceso anche in estate, perché l'aria che arriva dalla Val Taro è sempre fresca. Provavo invidia per la gelosia con cui Sandro sorvegliava tutto questo. E anche per il senso kubrickiano dell'ordine secondo cui disponeva e accudiva le sue cose: il giardino silenzioso, inappuntabilmente curato. La schiera foltissima di cavatappi, allineati sul bancone con peculiare pulizia geometrica. Guai a toccarli, i suoi cavatappi. E guai a mettere la giacca sullo schienale delle sedie ai tavoli del ristorante.

"La giacca la togliamo subito dallo schienale eh…" era solito ringhiare ai clienti sbadati.

"Se no?" rispondeva qualcuno risentito.

"Se no, se ne può andare dal mio locale", tagliava corto.

Il *Maestro del Fiume* era più che un **ristoratore resistente**. Era un ristoratore libero come un maestro troppo saggio per desiderare allievi. E come sempre accade, quando un allievo aspira a un maestro da cui non è desiderato, il percorso per raggiungere l'Osteria del Podere Miranta sembrava sempre più lungo di quello che in realtà fosse, come un lungo viaggio interstellare simile a quelli descritti da Stefano Benni, di cui Sandro Levati era lettore appassionato, *in Terra*. La sala del Miranta ospitava pochissimi tavoli, il cui posizionamento era ragionato in funzione di offrire a ogni cliente una collocazione prospettica elettiva. Sandro si muoveva in questo spazio, bilanciando il piacere procurato dalle misuratissime cotture dei suoi piatti perfetti con un'antipatia esemplare, non lontana dalla pura misantropia. Ti accoglieva scrutandoti dietro il suo barbone folto e truce, mettendoti al muro, fin dal tuo arrivo, come fosse l'incarnazione di uno specchio pulsante della tua coscienza, al punto che ti trovavi a chiedere a te stesso "cos'ho fatto di male oggi?".

Vestiva larghi e coloratissimi kanga svolazzanti e calzava solo sandali da frate a piedi nudi, anche d'inverno e, quando tardavi un quarto d'ora sull'orario di prenotazione, ti aspettava sulla porta e, impedendoti l'ingresso, si rivolgeva al membro femminile della coppia chiedendo con durezza: "Sa cucinare lei?".

"Come?" la risposta stupita.

"Le ho chiesto se sa cucinare?".

Sulla faccia della signora di turno si stampava allora un sorriso paralizzato e, qualora fosse riuscita a rispondere, per esempio: "Sì, un po', certo, ma perché?".

"Perché potete tornarvene a casa e prepararvi la cena nella vostra cucina" li gelava lui senza attenuanti.

Era così antipatico che ti costringeva a superare le regole sociali canoniche e a comunicare con un nuovo linguaggio. Altrimenti venivi "respinto". Ma, qualora fossi riuscito, in virtù della tua puntualità, a varcare la soglia del locale, e poi a riporre ordinatamente la giacca nel guardaroba, e poi a non toccare niente, e poi a spegnere il cellulare, allora avresti avuto accesso al mondo incantato col disco di Leonard Cohen che girava in sottofondo; le luci basse ti avrebbero avvolto come un calmante, delineando la temperatura della tua serata perfetta. *Il Burbero* avrebbe dato vita al suo servizio silenziosamente leggero, come una danza sufi. Ai più fortunati poteva anche accadere di assistere all'entrata in scena, spesso improvvisa e ogni volta inattesa, della moglie Lucilla, alter ego del maestro. Spuntava silenziosa, vestita tutta di nero e con la testa rasata come una monaca zen, portandosi i piatti dalla cucina, in segno di riguardo solo per pochi privilegiatissimi clienti. Guadagnava lentamente il tavolo, tracciando austera, quasi mistica, il suo percorso attraverso la sala. Ti appoggiava senza fronzoli il leggendario spaghettino freddo al caviale e poi rimaneva lì come una sentinella ad aspettare la tua prima forchettata. Nascondeva voglia di affetto dietro il suo nero e, forse, la necessità di compensare l'ostilità del suo compagno, tanto da avere talvolta l'impressione che se mai ne avesse avuto la possibilità, ti avrebbe addirittura imboccato di persona come una specie di madre superiora ma, alla fine, si accontentava di contemplare tutta la masticazione del tuo primo boccone. Aspettava fino alla deglutizione, poi ti abbordava con la disinvoltura tipica delle sue origini capitoline ed esclamava: *"Te piasce ?"*.

"Certo, è buonissimo" rispondevi tu.

"E avvicìnate er piatto allora! Mangia! Mangia, tesoro, che mme pari deperito!".

Oggi Sandro e Lucilla non sono più al timone del Podere Miranta, hanno tagliato col mondo'nfame. Lei ritirata alla clausura, puoi avere però la fortuna di trovare lui, seduto con qualche amico e una bottiglia di Camillo Donati, in qualche osteria clandestina su per le valli. Se ti capitasse di riconoscerlo, invitalo con il massimo rispetto al tuo tavolo e lasciati raccontare del perché le annate piccole, alla lunga, siano meglio di quelle opulente e di come, a un certo punto della vita, valga la pena dissetarsi unicamente col Lambrusco dei contadini, ma solo se hai conosciuto tutte le annate di Monfortino, Solaia e Latour: altrimenti non vale. Se sarai molto fortunato, ti darà metafore per comprendere segreti, altrimenti ti saluterà con un semplice e benaugurante *si vediamo*!

La prima volta che vado nel suo ristorante ho forse ventisei anni. A quei tempi giravo con la guida del "Gambero" sottobraccio. Ero un insopportabile ragazzino che turbava dispettosamente la serenità dei ristoratori perbene. Chiedevo ai camerieri la carta dei vini ancor prima di essermi accomodato al tavolo, poi tiravo fuori la guida e cominciavo una vivisezione comparata alla ricerca di un vino premiato da ordinare. Mi sentivo figo giacché del tutto ignaro della magnanimità in virtù di cui ero, il più delle volte, sopportato. Io stesso, oggi, riserverei una punizione medievale a chi si presentasse con tale tracotanza nel mio ristorante.

Entro dunque al Podere Miranta con la guida "Gambero Rosso" in mano. Sono un gradasso che si riempie la bocca di paroloni e frasi da cravatta: "è lungo", "è corto", "ha fatto legno piccolo", "ha fatto legno grande", "è prospettico", "è seduto" e via dicendo.

I miei profani compagni di cena si divertono a guardarmi scorrere su e giù la lista dei vini in ricerca di un *Tre bicchieri* mancante nella mia bacheca. Scorro e sfoglio, commentando ogni vino della lista con un *cèlo*! O con un *manca*, come si faceva da bambini con le figurine. Sandro, indaffarato ad altri tavoli, mi sbircia inorridito mentre, al culmine della mia esibizione e a voce sempre più alta, dichiaro: "Ce li ho tutti! Mi manca solo questo" indicando con l'indice il Montiano di Falesco, annata immessa sul mercato da non più di quindici giorni e premiata, ovviamente, con i fatidici bicchieri.

"Ce li ha tutti in che senso?" m'interrompe lui, arrivando alle mie spalle.

"Nel senso che i *Tre Bicchieri* presenti nella sua carta li ho già bevuti tutti. L'unico che mi manca è Montiano e lo berrò stasera" rispondo smargiasso.

Sandro mi guarda con tutto il pelo sullo stomaco che io non ho e mi fa: "Quello non glielo do".

"Come?" faccio io.

"Come che non glielo do'. Punto".

"Cioè, vuole dire che non lo ha?".

"No, no, ce l'ho. Ma a lei non lo do".

"Scusi, mi può spiegare il motivo?" faccio io.

"Perché non è pronto".

"Ma è in carta dei vini, lei deve darmelo" protesto con la più acerba tracotanza possibile.

"Se vuoi bere, impara a bere. Se non sai bere, impara a scegliere cosa bere".

"Cosa, come? Lei adesso mi porta il Montiano", batto i pugni isterico sul tavolo.

"Non se ne parla nemmeno. Prima di tutto, metta via quella guida o gliela butto nel fuoco. E, in secondo luogo trovi un altro vino da bere, oppure beva acqua, che è più adeguata a lei. In alternativa, se non le va bene, può anche andarsene".

Rimango seduto. Cellulare spento. Giacca in guardaroba. Anni dopo berrò il Montiano di quella stessa annata scoprendo che non era niente di speciale ma ricordando di come finalmente, quella sera, *il Maestro del Fiume*, mi avesse iniziato per la prima volta al rispetto per il vino e per la sua vera vita, oltre l'etichetta. Non si profani mai una bottiglia prima che il suo vino non sia pronto.

Ricetta del giorno

Siete arrivati, a questo punto, a Gaiano. Cercherete un hotel ma, certamente, non lo troverete. Qui è come in *Champagne* dopo il tramonto: il buio e il silenzio. Ampliate ora, con lo scopo di procurarvi un giaciglio, i confini della vostra ricerca su Booking a tutta la Val di Taro: troverete una stanza in una buona pensione a Fornovo. Alloggiate dunque nei pressi della bottega norcina di Anselmo Bocchi, il miglior creatore di salami, strolghini, cacciatorini e cicciolata di tutta la valle e diventatene frequentatori assidui. Non sperate di scucire buone dritte in merito a quali ritrovi frequenti il suo amico Sandro Levati, ma seguite Bocchi, nottetempo, e troverete Levati. È, questa, un'informazione, da utilizzare solo in caso di sfortunata, lunga permanenza in questi luoghi, senza aver potuto mai incontrare *il Maestro*. Dapprima, invece, usate il canale resistente e prendetevi tutto il tempo. Cominciate a battere, dalla prima sera, le osterie d'elezione e lasciate che sia il destino a decidere il momento dell'incontro. A questo punto, lo scoprirete a un tavolo della *Curva dei baci*; vedrete dapprima una barba speciale. Abbassate lo sguardo, ora, verso i piedi. I sandali non mentiranno. Ora che avete scovato il vostro uomo, non tributategli onori, siate invece all'altezza. Siatelo fino in fondo. Siatelo ancora. Ancora una volta, grazie. Se saprete essere buoni devoti, potreste ricevere la grazia di assistere a *Il Maestro del Fiume* che cucina gli "Spaghettini Freddi all'erba cipollina e caviale".

Questo piatto, anche senza il rinforzo delle pregiate uova di storione, è il paradigma di come può essere ottenuto un cibo elegantissimo (da Stella Michelin si direbbe oggi), sottoponendo la materia prima a un doppio impatto termico opposto (estremamente caldo, estremamente freddo) in un tempo brevissimo, senza dover passare per l'utilizzo delle costose attrezzature moderne dotate di segnatempo elettronici (vedi anche, nel capitolo "Caffè", la *Tostatura*) ma semplicemente utilizzando acqua bollente prima e acqua fredda corrente poi. L'ingrediente segreto della perfetta riuscita, oltre alla famosa erba cipollina selvatica di Ozzano Taro, sta nella liquida sensibilità della mano, nella rapidità dell'occhio e nella destrezza del cuore: lo chef raro che possiede questi talenti insieme, ha il dono intrinseco del Tempo. Quando, e soltanto, sarà unito a vocazione autentica, questo dono gli conferirà il diritto al titolo di Maestro a tutti gli effetti.

***

Laddove le acciughe fanno il pallone, un altro Sandro (de Filippi) faceva l'oste asciutto. Per me e Diego fu il primo vero maestro di bottiglia. Ci recavamo periodicamente alla sua enoteca di Sestri Levante, come si va in pellegrinaggio: spinti dalla brama dell'iniziato da una parte e sostenuti dal senso del dovere del discepolo dall'altra.

Andavamo da lui preavvisandolo di una settimana con telefonate del genere "martedì siamo da te, veniamo per l'Amarone." Lui rispondeva solo: "Vi aspetto".

Senza necessità di ulteriori momenti dialettici, al nostro arrivo, ci faceva trovare direttamente sul tavolo lo schieramento completo di ogni vino rosso, conosciuto e non, ottenuto da uve appassite in graticcio o sulla pianta, e proveniente da qualsiasi angolo del mondo: dal Patriglione di Cosimo Taurino al Graticciaia di Vallone, dallo Sfursat 5 Stelle di Nino Negri a qualche mai sentito nominare rosso contadino del Canton Ticino. E poi, va da sé, tutti gli Amaroni classici della Valpolicella, dai più tradizionali come Bertani, ai modernisti come Romano Dal Forno. Dai maestri assoluti come Beppe Quintarelli, fino alle nuove leve come Tommaso Bussola.

Ci accoglieva senza fronzoli specificando: amarone, se parliamo di appassimento, non è solo Valpolicella e mentre noi eravamo già perdutamente caduti in una più che sbalordita estasi contemplativa, aggiungeva spiccio: "Il discorso è ampio e lungo, perciò mettetevi comodi e spero che vi siate presi tutto il tempo necessario. Da dove volete cominciare?".

"Cominciamo dal principio" facevo io.

"In principio era l'uva. Si parte sempre da lì. E lì si deve finire" rispondeva lui.

Ogni volta che andavamo a trovarlo, gli parlavo delle "scoperte" che avevo fatto nel periodo in cui non ci si era visti. E ogni volta che mi convincevo di aver stanato chissà quale rarità enologica in giro per l'Italia, lui mi rimetteva sempre al mio posto descrivendomi quel vino come se lo avesse bevuto cinque minuti prima.

Un giorno, avevo preso una cotta (passeggera fortunatamente) per i vini iper-concentrati bigbabol style di Enrico Fossi, arrivo e gli dico: "Ti ho portato questa bottiglia da assaggiare, sono certo che non l'hai mai vista, questa. Ne fanno milleseicento bottiglie". Era un Sassoforte 1995.

"Può darsi" dice lui, "sai ne ho comprati e bevuti tanti di questi vini... è un cabernet in purezza se non sbaglio, questo".

Prende in mano la bottiglia, la maneggia pochi secondi, dando una rapidissima occhiata all'inguardabile etichetta dai contorni fucsia, poi spiega: "È cambiata l'etichetta. La precedente era molto più signorile, più fine. Fammi un po' vedere se ho qualcosa, qui".

Raggiunge una delle *barrique* sparse per il locale (in quest'occasione scoprimmo che le *barrique* adibite a tavoli o banchi di servizio servivano, in realtà, a nascondere botole d'accesso a insospettabili depositi segreti, probabilmente sconfinati, di bottiglie rare), apre una porticina e si infila dentro alla botte, scomparendo fino alla cintura.

"Ecco, forse, qui, trovata!".

Sandro riemerge con un Sassoforte 1988 stretto in mano, mi guarda e mi dice: "La prima annata, questa, se non vado errato. Trecento bottiglie prodotte, mai uscita sul mercato. Se vuoi la beviamo oggi!".

Sandro de Filippi era un maestro che non si faceva mai trovare impreparato da un suo allievo.

Ed è anche per questo che io e Diego non potevamo credere che le serate fossero già finite quando, ben oltre il cuore della notte, il nostro maestro ci congedava perché saremmo stati subito pronti per cominciare una nuova lezione. E così, ormai soli, ma ancora pulsanti di conoscenza nuova e di vino vecchio, andavamo a esaurire l'ebbrezza, per non portarcela ingiustamente via con noi, dove potesse, invece giustamente, sfumare nel suo mare della Baia del silenzio, aspettando i pescatori e l'alba.

Ricetta: Crêuza de Ma

Questa ricetta (non più realizzabile a causa dell'estinzione degli ingredienti principali) spiega come prepararsi all'arrivo dei pescatori liguri alle prime luci dell'alba. Raggiungete dunque l'Enoteca Nazionale di Sestri (chiusa definitivamente) entro e non oltre le ore 19. Dopo i saluti, asciutti ed ermetici, come da onorabile uso del Levante, lasciate che il patron, Sandro de Filippi, vi apparecchi l'aperitivo con un *bianco di scoglio* e un piatto di lardo tratto dal suo marmo a rotelle. A questo punto, siate fiduciosi nell'oste e nelle poche facce da *passeurs* che potete intravedere stagliate nella luce bassa, ai tavoli di fianco al vostro. Ascoltate e bevete mentre ascoltate. Questo luogo non esisterà più. Non potendo memorizzare i quadretti rossi e bianchi delle tovaglie né l'etichetta del vostro Fontalloro, in virtù dell'ebbrezza crescente, cercate allora di ricordare i sorrisi e il sapore del pesto di basilico fresco battuto nel mortaio davanti a voi: non serve altro. Fate notte. Finite l'ultimo sorso di Percarlo 1993 (era la serata "sangiovesi", certamente).

Ora andate alla spiaggia. Il vostro compagno, Diego Sorba, futuro oste resistente, estrarrà dallo zaino *Nove Racconti* di J.D. Salinger. Leggete a voce alta, a reciproco beneficio, un paragrafo a testa dell'*Uomo ghignante*. Appena dopo quella ragazza che gettò, nel 1939, il suo accendisigari a un delfino da una nave in crociera ai Caraibi, vi attarderete ora, soprattutto, su Mary Hudson, quando dalla terza base vi saluterà con la mano, e voi le risponderete nello stesso modo, perché non avreste potuto trattenervi, nemmeno se lo aveste voluto. Arrivate in fondo al racconto. Lasciate che i brividi lungo la schiena si mescolino all'aria fresca sobbalzante dalla risacca. Ora contemplate il corteo dei marinai, sagome nere senza volto, che portano i pesciolini. Le voci, ancestrali, coperte dall'odore dei flutti infranti sulle maglie.

***

2005: quasi l'altro ieri.

Luca Melegari, ribattezzato *Patron Entusiasta* dall'arguta stampa locale, gestiva insieme alla moglie Camilla un ristorantino da cinque tavoli a Lesignano de' Bagni. Il Molinazzo era aperto solo la sera ed era illuminato esclusivamente con candele di cera e fuoco di caminetto, peculiarità che conferiva molto fascino al locale e attenuava, al contempo, l'impatto visivo col *Patron Entusiasta*, il quale era solito indossare disgustose giacche color carminio in orribile abbinamento a voluminosi foulard verde smeraldo; abbigliamento, questo, che finiva per sottolineare irrimediabilmente il suo ghigno beffardo da fauno, simile al *Joker di Batman*, eccessivamente stridente, così come i suoi modi, sempre modulati sul grado massimo della scala di misurazione della logorrea, rispetto all'atmosfera romantica e distensiva della sua sala. Aveva, il patron, una particolare predilezione per le parole *dimensione* e *caratteristica*: le infilava ovunque, sia nel caso in cui si esibisse in letali circonlocuzioni enogastronomiche, tanto da stordire i suoi sfortunati ascoltatori ("il nostro piatto, nella sua *dimensione*, ha queste *caratteristiche* legate alla *dimensione* di provenienza che per sua *caratteristica* è una *dimensione* importante nelle *caratteristiche* delle materie prime, se parliamo di questa particolare *caratteristica dimensione*"), che per fornire una semplice spiegazione stradale telefonica a qualche nuovo cliente che doveva raggiungere il Molinazzo ("allora signora, quando arriva all'incrocio, prenda a destra, poi rimanga sulla strada principale come *dimensio-*

ne; vedrà una serie di case come *caratteristica*, a questo punto, giri a sinistra e come *dimensione* scenda sulla strada di fianco alla chiesa, che ha la discesa come *caratteristica*, poi svolti a destra in una *dimensione* di strada più piccola e faccia cento metri; come *caratteristica* vedrà un cancello e praticamente noi siamo in questa *dimensione*"). Arrivavi, dunque, nella sua *dimensione*. Ti apriva la porta, ti conduceva al tavolo, ti faceva accomodare, ti portava l'acqua Panna (ahi!), non mancando il caratteristico commento di accompagnamento *l'acqua arrugginisce*, tutto alla velocità massima. Era in sala da solo e ottimizzava. La sua verbosità era così incontenibile che spesso riusciva a parlare con due, anche con tre tavoli, contemporaneamente. Come quella volta in cui versava il vino e allo stesso tempo spiegava con enfasi l'*appetizer* del giorno a una coppia che cenava di fianco al mio tavolo; stavo descrivendo alla mia ragazza, sottovoce e con il massimo garbo, l'uvaggio del Paleo che avevamo appena ordinato e, nell'istante in cui cominciai a sussurrare le prime lettere della parola cabernet, arrivato a pronunciare solo fino al "cab", lui, girandosi di scatto e interrompendo bruscamente l'operazione di servizio in cui era impegnato, completò urlante la mia parola con un sonoro "ernet Sauvignon!", percepibile tutt'altro che tenuemente in ogni anfratto della sala oltre che all'esterno del locale. Poi proseguì: "In percentuale simile anche Merlot, nella sua *dimensione*, e una parte di Syrah proveniente, come *caratteristica*, da un altro vigneto". E andò ancora avanti, inesauribile, nella spiegazione, con la bottiglia dei nostri vicini di tavolo ben stretta nella mano, e il volume della sua parlantina ancora più alto così da arringare, in merito al mio vino e alle sue *caratteristiche*, anche il resto dei clienti presenti in sala, i quali non poterono che sottostare, in preda allo sbalordimento, all'estemporanea estensione del suo incontenibile entusiasmo.

Gli cedevamo, in questi casi, tutta la scena. Lo spettacolo entusiasta, nonostante i suoi risvolti tragicomici, non sfociava però mai nella mera invadenza fine a se stessa; trovava anzi pieno e giustificato riscontro nello spessore indiscutibilmente autorevole su cui la cantina del patron era fondata. La profondità unica e irripetibile della sua carta dei vini gli conferiva, di fatto, il diritto non confiscabile di conferenziere (necessariamente) inopportuno, che dava il suo meglio nelle non certamente rare parafrasi didattiche collettive in merito, per esempio, ai Cetinaia 1982 o ancora ai Galatrona 1995, vini rarissimi che solo lui avrebbe potuto attingere con imperiosa scioltezza da una cantina senza confronti.

Il colpo del Trebbiano fu messo a segno in una freddissima serata invernale di pioggia battente. La vetrata del Molinazzo accanto cui ero seduto era sferzata dal nubifragio mentre il caminetto scoppiettava pacificante. Avevo scelto, per la mia cena, piatti che richiedevano rigorosamente l'abbinamento di un bianco e, nonostante la mia climatica voglia di rosso, a seguito di lunghi ripensamenti, mi decisi a ordinare al patron una bottiglia di Trebbiano d'Abruzzo di Edoardo Valentini 1994. Il patron ovviamente non tardò un istante a entusiasmarsi e, mosso con furore dal pensiero di poter stappare un vino che sarebbe stato certo protagonista della serata e validissimo pretesto, dunque, per un dibattito enoico di pubblico interesse, subito si mosse rapidissimo alla volta della mia bottiglia e volò in cantina. Il locale era pieno quella sera e gli occupanti dei tavoli, arrivati quasi contemporaneamente, erano tutti ancora in attesa di ricevere il menu. Trascorsero alcuni minuti ma il patron non tornava. La sala non era più presidiata e anche i conversatori accaniti, distratti o innamorati, s'accorsero di un vuoto anomalo intorno a sé. Il patron era svanito in cantina. Cominciammo a scambiarci qualche occhiata interrogativa tra un tavolo e l'altro. Passarono altri minuti ancora. Qualcuno allora decise di abbandonare la propria seduta per andare timidamente a sbirciare oltre le porte di servizio affacciate sulla cantina ma, del patron, nessun segno. Solo quando in molti ci eravamo decisi a irrompere nei sotterranei temendo ormai il peggio, il patron riapparve all'improvviso. Era madido, affannato, impallidito. Si precipitò al mio tavolo.

"Luca!" urlò come al solito, facendosi ben udire da tutti, "ho praticamente smontato la cantina, ma il Trebbiano di Valentini, come *caratteristica* di bianco, nella sua *dimensione* di vino maturo, non si trova!".

Con le pupille fuori dalle orbite, si guardò più volte intorno per essere certo che tutti avessero ben chiara la situazione, nella sua *dimensione*, ovviamente.

"Non fa niente, ci mancherebbe - risposi io quasi sottovoce - scelgo un altro vino".

Al che ribatté lui: "Non se ne parla nemmeno! Abbiate pazienza, come *caratteristiche*, in una *dimensione* di spostamento non troppo impegnativo, lo vado a recuperare!".

"Ma cosa dici? Dove vai... sei impazzito?", feci io.

"Lo troviamo. Qualcosa troviamo nella sua *dimensione*". disse lui.

Mise in mano una bottiglia di Franciacorta Villa millesimato alla moglie-chef Camilla che, attirata dalla sua parlantina chiassosa si era affacciata, finalmente, dalla cucina, per capire che *dimensione* stesse prendendo la serata e le ordinò, senza concedere repliche: "da' un aperitivo a tutti, prendi le ordinazioni, come *caratteristica* della situazione nella sua *dimensione*, fa' anche da mangiare e porta fuori i piatti. Io torno il prima possibile. Devo andare in cerca di una bottiglia con determinate *caratteristiche*".

"Signori!", disse con tono solenne rivolgendosi a tutti i presenti, "torno il prima possibile!".

E in pochissimi ampi passi, seguito fino alla porta dagli occhi attoniti dei presenti incollati su di lui, scomparve nel buio, sotto la pioggia a dirotto, in aperta campagna, in mezzo al nulla, alla ricerca di un Trebbiano di Valentini 1994.

Nessuno seppe mai cosa accadde nei precisi trenta minuti successivi ma è storia vera che, al loro scadere, il patron rispuntò in sala, eroicamente inzuppato, con una bottiglia borgognotta stretta per il collo. Raggiunse rapidamente il mio tavolo, incurante degli spruzzi che, fuoriuscendo dalla sua specie di palandrana rossa, colpivano chiunque si trovasse a portata di getto, e mi presentò l'etichetta della bottiglia, enunciandone liturgicamente il nome, come si confà a un vero professionista: "Trebbiano Valentini millenovecentonovantadue! Il quattro non siamo riusciti - aggiunse poi - ma, come dicevo, qualcosa con queste *caratteristiche* lo abbiamo trovato! Qualcosa, nella nostra *dimensione*, si trova sempre".

Come dicevo, io che non ero più capace di negare una bottiglia a un cliente, ancora di più dopo il colpo del Trebbiano del *Patron Entusiasta*, mi resi conto di quanto potesse essere avventuroso e fantastico essere un oste che sa materializzare dal nulla, come una magia, la bottiglia del vino dei desideri.

***

2008. Ieri, ma sembra oggi.

Da qualche settimana ho aperto il mio primo locale, Mentana 104, "antesignano salotto della nascente *bistronomia* italica; lussuosa cameretta per gli ospiti amata dalla meglio gioventù, anarchico eden recintato secondo i riferimenti specifici della trasversalità laddove riescono armoniosamente a compattarsi, entro gli stessi confini, le diverse tipologie umane": questo è ciò che scrivevano i giornalisti. Io, in realtà, ho sempre saputo che le fortune del mio locale sarebbero state legate a quel disco rosso e nero che forma il "104" nel logo dell'insegna, fin dal momento in cui mia figlia di cinque anni, abilissima acquerellista, nonché raffinata critica d'arte, mi confidò di invidiare terribilmente l'artista che lo aveva fatto.

Il 104 è rosso, di velluti e di tende. È rosso di vino. Rosso di tavoli. Ma anche blu, di note. E blu di notte. Le notti e i velluti elettivi in cui *godere le stelle, perché questa vita è corta, com'è scritto sulla pelle:* sono giunto, "sera dopo sera", dopo quasi dieci anni, alla versione *director's cut* della mia carta dei vini. Mi picco, euritmica ovvero profonda; verticale seppur melodiosa; democratica e nobile insieme.

È venerdì sera, la sala è in fermento. Il già mitico tavolo "cinque" del 104 è riservato per il *Ciomòne*, in sei; tre coppie di quarantenni sulla cresta dell'onda. Il *Ciomòne* poi è uno che se ne intende. Beve spesso Borgogna, mangia carni raffinate e, soprattutto, si lascia guidare dal sottoscritto come Dante da Virgilio.

Tutto sta scorrendo al ritmo incalzante e percussivo delle comande che svolazzano in cucina. Andrey, detto *Roccia*, dà fuoco alle pentole al comando di Tommy *Ilmiopiedesinistro*, lo chef. "Via il sette! Controlla il 4! Sbarazzate il Duomo! Rimpiazzate il Privé!". E così via. Il boogie del servizio è nel suo pieno, gli altoparlanti appesi al soffitto esalano jazz frusciante, la cassiera *non mastica caramelle alascane*, ma la musica continua, i bicchieri tintinnano in ripetuti brindisi, i loro riflessi *saettano*, si fa festa.

Poi, ad un tratto, ecco l'aria rompersi come per l'esplosione di una bomba. Un tonfo fragoroso fende improvvisamente lo spartito danzante della serata. I clienti, i camerieri, rimangono sospesi per un istante in un muto spavento. La musica trattiene il fiato. Il tonfo è un frantumarsi acuto di vetri.

"Ok, non è stata una bomba!" rassicuro io in mezzo ai tavoli. I clienti riprendono a chiacchierare, la tromba di Chet riaggancia la nota... *ipnotizzata*. Faccio segno ai camerieri di continuare il loro lavoro e mi dirigo, con il cuore in pena, verso la sorgente del boato, un vano climatizzato adibito alla conservazione e al pronto uso dei grandi vini rossi, posizionato a fianco della cucina.

Apro la porticina di legno, sto per accendere la luce e mi accorgo di camminare sul bagnato. La mia scarpa affonda per una buona parte nel liquido. L'aria profuma drammaticamente di buono. L'aria profuma di vino. Il cuore mi cede. Spingo l'interruttore, la cantina s'illumina. Mi ritrovo immobile in un lago di vino. Mi si mozza il respiro e mi s'annoda la gola. Due mensole hanno ceduto e giacciono spezzate in due sul pavimento. Intravedo centinaia di cocci di bottiglia che galleggiano zitti nel rosso scuro che inonda la stanza ondeggiando piano. Mi chino rapidamente per cercare i pezzi con le etichette: per primo mi raggiunge, navigando lento, un Latour. Pochi centimetri più in là, i brandelli di un cadavere di Margaux, novantaquattro! Poi, tutti e tre i Nuit Saint Georges di David Duband. Infine un'etichetta marroncina: capisco che è il frammento di una bottiglia di Masseto. "Questa è una tragedia" penso. Il dramma si aggrava: due Sorì Tildìn, due Vigna Calvari, La Mission Haut Brion novantanove. Mi si piegano le ginocchia. Sono chinato sulla pozzanghera più costosa di tutti i tempi. Setaccio il pavimento col palmo della mano immersa fino al polso, alla ricerca di cocci. Il profumo nella stanza è balsamico, inebriante, irreversibile. È il profumo di un unico sublime uvaggio tra i più importanti produttori della storia, una cuvée delle migliori annate di ogni tempo spiaccicate su un polveroso pavimento di cemento.

Raccolgo frammenti di vetro, disperato ma coraggioso. Piango, stringo i denti, impreco, prego. Non vedo il Le Pin. Sulle mensole non c'è. La mia unica, introvabile, amatissima bottiglia di Le Pin: avevo viaggiato tanto per lei. Ricordo quel giorno in cui ero riuscito ad acquistarla da quel collezionista di Urbino. Mi tremavano le mani per l'emozione in quel bar, nel pomeriggio dorato in cui l'avevo fatta mia.

"Dov'è il *lepèn*?" esclamo.

"Dov'è? Dov'è *lepèèèn*?" mi si gonfia la gola mentre continuo, seppur rassegnato, a cercare. "Dov'è *lepèèèèèèèèèènn*?".

Intorno a me solo vino disseminato. Dietro di me compaiono Aviola, la mia fidata caposala, e Tommy *Ilmiopiedesinistro*, in piedi, con gli occhi lucidi. Mi fissano compassionevoli. Aviola ha in mano un coccio. Me lo porge in silenzio. È un pezzo di vetro con l'etichetta del Le Pin. Lo afferro dolcemente. Mi taglio. Il mio sangue sgorga mescolandosi al vino che impregna i poveri resti dell'etichetta bianca del mio affezionatissimo Pomerol. La guardo. Penso ai miei peccati. Nella mia mente compaiono parole come punizione, vendetta, castigo. Morto anche il Le Pin, non ha più senso nulla. Tutti e tre nel silenzio, per qualche istante, ci guardiamo.

Ma lo show deve andare avanti. "C'è il locale pieno, Luca... cosa facciamo?" mi chiede Aviola con tenerezza. Mi rialzo in piedi. "Andiamo avanti - rispondo - andiamo avanti".

I miei occhi iniettati di sangue cercano Tommy *Ilmiopiedesinistro* chef, chiamato così per via della spaventosa somiglianza con Daniel Day Lewis, il quale, oltre che cuoco, è anche il nostro falegname, elettricista e meccanico; le mensole, le aveva montate lui. Gli faccio capire che a fine servizio ci sarà da parlare, io e lui.

Ma per ora lo show deve continuare. Chi fa il ristoratore lo sa. Non c'è nulla che possa interrompere lo spettacolo e darti il tempo di tributare un rispettoso minuto di silenzio alla tua batteria di bottiglie del cuore sterminate in battaglia.

Da buon osservante dunque, mi ricompongo. Mi tiro le maniche della camicia, mi aggiusto il ciuffo e rientro in sala con la bava alla bocca. Tutto, nel frattempo, ha ripreso a scorrere e il tonfo di qualche minuto fa è solo un tonfo qualsiasi, già dimenticato. Mi avvicino all'ambitissimo tavolo "cinque". Il mondo mi è appena crollato addosso ma il *Ciomòne* ha la carta dei vini aperta e sorride felice. Sorrido anch'io, come vuole il copione.

"Ahhh... stavo parlando giusto di te ai miei amici, Luca, delle cose bellissime che ci fai sempre bere, della tua meravigliosa cantina".

"Grazie, amico mio, sei troppo gentile. Ma non faccio niente di particolare, signori: apro solo bottiglie di vino...".

"Su, smettila dai, abbiamo imparato a bere qui da te, Liùc! Se non fosse per Luca", continua rivolgendosi agli amici", non saprei nemmeno dell'esistenza del Pinot Noir ad esempio. È grazie a questo bel ragazzo se oggi bevo i Beaune e i Nuit Saint Georges". Mi abbandono a un formale sorriso di compiacenza dedicato agli entusiasti commensali che sottolineano il tutto con un intonatissimo e sincrono "ohhh" di sincero stupore enogastronomico. "Ci hai fatto passare serate indimenticabili" mi sussurra mentre accarezza la mano della moglie.

Io sorrido di nuovo. Davanti a me però continuo a vedere soltanto un immenso lago di sangue rosso.

"Bene Luca, stasera, lo sai no? Sai cosa voglio bere...

quel vino di cui ci hai tanto parlato, quel vignaiolo eroico, Hubert de Montille, giusto? C'è... vero? Quello lì, hai presente, no? Ecco, bene, allora prendiamo il suo Volnay Les Mitans 1998".

Mi guarda soddisfatto e orgoglioso. Mi fa l'occhiolino "Bella scelta eh?".

Les Mitans novantotto, per essere chiari, si è appena frantumato insieme agli altri. Istintivamente vorrei ribattere con un "Vaffanculo *Ciomòne*! Tu e il Mitans, mi si è appena rotto il Mitans... eccheccazzo".

Ma io sono quello che gli ha insegnato a bere e non posso squassarmi dalle spalle questa responsabilità con un vaffanculo qualsiasi. Sarò gentile invece, come sempre. Andrò in cantina, prenderò i cocci del Mitans ancora inzuppati e li porterò al Ciomòne che, con grande senso di compassione, ordinerà certamente una bottiglia alternativa, forse anche molto più costosa, esprimendo una sorprendente empatia per la mia disgrazia. Guardo dunque il *Ciomòne*, pronto a confessargli tutta la verità. Anche lui mi guarda. Alza un sopracciglio. Improvvisamente ricordo il ghigno di *Chichi* della mia gioventù. La reggenza della carta dei vini non ammette alibi, nemmeno nelle disgrazie più tremende. Il cliente non deve mai essere coinvolto nei tuoi problemi perché sta pagando solo per avere la sua bella serata, non per compiangere le tue disgrazie.

Chichi a questo punto direbbe: "la caduta della scaffalatura è un problema suo, non mi riguarda. Si può avere qualcosa da bere?".

Piuttosto, allora, dirò loro che il vino è finito, punto e basta. Non scenderò nei particolari del perché e del percome. Ma il *Ciomòne* mi ha appena descritto come un semidio della sommellerie; lo deluderei irrimediabilmente, sminuendolo davanti ai suoi amici. Non ho dunque altra scelta: devo fare in modo di servire un Mitans novantotto a questo tavolo. Mi passa davanti agli occhi l'opportunità fraudolenta di stappare un Champans millenovecentonovantanove (Cru di de Montille non dissimile, al contatto di un palato non esperto, dal Mitans in questione). Il Champans è riposto sano e salvo in una mensola scampata all'eccidio. Lo decanterò in caraffa, occultandone la bottiglia con maestria e lo farò passare per un Mitans novantotto. Non si accorgeranno di nulla perché si fidano di me. Poi magari, forse, alla fine, svelerò loro il trucco, inventando chissà quali acrobazie per giustificare il cambio di bottiglia. Potrei dire loro che si è trattato di un gioco, per mettere alla prova il loro finissimo palato. Ma non posso tradire la loro fiducia. E allora il sollievo effimero del momentaneo pensiero di una scorciatoia lascia il posto al ricordo del mio grande maestro, il *Patron Entusiasta* e alla plausibilità, dunque, dell'impensabile: se lui riuscì, nel cuore della notte, in mezzo al temporale più terribile dell'anno, sperduto nei boschi della provincia, a rinvenire una rarissima, praticamente introvabile bottiglia di Trebbiano Valentini millenovecentonovantadue, in soli trenta minuti esatti, io devo procurarmi ora, in questo momento, una bottiglia di Volnay Les Mitans 1998 di Hubert de Montille, foss'anche l'ultimo esemplare, in una enoteca di Trastevere e fosse necessario teletrasportarla qui e ora. Ma il teletrasporto sarà perfezionato solo tra una ventina d'anni, perciò meglio placare le fantasie e farsi la domanda giusta: dove posso trovare dunque un Mitans millenovecentonovantotto a quest'ora? In questa città? Mentre faccio un rapido elenco mentale del parco osti e ristoranti a cui potrei telefonare ecco che, all'improvviso, mi appare l'immagine della cantina del ristorante di Chef Augusto. Visualizzo il settore Borgogna, che conosco a memoria. Scorro mentalmente gli scaffali. Arrivo alla quarta mensola partendo dal basso. Mi fermo.

"Sì! Lì. Proprio lì, a sinistra, c'è un Mitans novantotto. Ne sono certo. Nitidamente mi compare il punto esatto delle scaffalature dove è riposta l'ultima bottiglia di Volnay Les Mitans 1998.

Sono passati pochi secondi. Il sopracciglio del *Ciomòne* è ancora sollevato mentre mi osserva rimuginare. "Tutto bene, Luca? A che pensi, c'è qualche problema?".

"O no, no, no!" faccio io. "Chiedo scusa, ero sovrappensiero perché stavo cercando di visualizzare dove fosse collocata l'ultima bottiglia di Mitans; ebbene, signori, ora ricordo che si trova in un caveau del mio deposito speciale. È qui vicino, dall'altra parte della strada. Esco un minuto e vado a prenderlo, scusatemi; torno subito. Nel frattempo Aviola vi offrirà un bicchiere di Champagne e un assaggio del nostro ottimo prosciutto come aperitivo, per intrattenervi nei pochi minuti in cui andrò a recuperare la bottiglia".

"Ma... Luca, lascia stare, se deve essere un problema...".

"Quale problema, signori? È tutto sotto controllo. Ripeto, il vino si trova nel mio magazzino personale a due passi del locale. Se mi concedete la vostra pazienza, vado e torno. Ci vorrà solo qualche minuto".

"Ma certo Liùc, scherzi?" fa il *Ciomòne* tutto contento.

La cantina in cui è conservata la bottiglia in causa è, come detto, quella del ristorante di mio padre, sulle colline, a 25 Km da dove mi trovo ora.

Aviola lo sa e sa che non esiste alcun deposito speciale. Mi guarda di stucco.

"Non dire niente! Servi loro un bicchiere di Bollinger, subito, anzi no, con calma, così prendo tempo! Vado e torno".

"Ma... ma, Luca, abbiamo il locale pieno! Ho capito dove stai andando, ti prego, non farlo!".

"Ti ho detto di non dire una parola!", la zittisco io", servi lo Champagne e basta!".

"Oh mamma mia, ommadonna…" fa lei.

La ignoro, ribadendo istericamente: "Servi lo Champagne!", mentre esco dal locale simulando un passo calmo e spensierato e senza togliermi il grembiule perché tutto appaia ammantato di normalità.

Ma, appena fuori dalla portata visiva del *Ciomòne* e commensali, comincio a correre tarantolato, raggiungo con l'agilità di un predatore furibondo la Megane d'ordinanza rossa, mezza scassata e parcheggiata sulla strada. Direzione: il ristorante di mio padre. Distanza: 25 Km. Ci vogliono, a velocità di crociera e a seconda del traffico, circa 30 minuti. Sgommo invertendo a *U* sulla corsia degli autobus, poi mi butto nel controsenso più *videosorvegliato* del centro, mi becco almeno tre foto, schivando solo due frontali, a tutto gas fino all'uscita della città. Pigio sul clacson, invasato, evito auto e pedoni come birilli. Strombazzo e *slalomeggio* come chi è diretto all'ospedale con l'auto carica di persone trucidate e moribonde. Prendo la provinciale e mi proclamo titolare inamovibile della corsia di sorpasso. Sfreccio senza pudore: mi lampeggiano, mi suonano, mi schivano. Ma, insensibile al prezzo della vita e sprezzante della serie di flash degli autovelox che ritmano il mio percorso, guido dritto deciso e suicida verso le colline. Arrivo a Sala Baganza e qui cominciano le strettoie e le curve a gomito. Le mangio come un pilota di rally: atterro nel cortile della Brace a Maiatico sollevando grossi nembi di ghiaietta bianca. Inchiodo. Ci ho messo sei minuti. Sfodero una falcata mai fatta prima d'ora, nemmeno ai tempi in cui facevo il centravanti del Maiatico FC. Entro rapido come un giaguaro. Passo attraverso la cucina. Mio padre in quel momento sta brandendo la mannaia su un osso di bistecca. Alza gli occhi stupefatto.

"Ma cosa ci fai qui, testa? Ma non sei al Mentana, a lavorare?".

"Ciao pà… tranquillo, tutto ok!".

Filo come un proiettile. Infilo le scale della cantina, stile pista nera tutta a uovo, e riemergo dopo 10 secondi con una bottiglia di Les Mitans 1998 stretta per il collo nel mio pugno destro.

Mio padre, immobile, mi guarda: "Sei scemo?".

"Sì sì, certo!", borbotto planando via.

Faccio cantare le gomme, sollevo un nuvolone di polvere molto più polveroso di quello precedente e lancio la Megane a massima curvatura giù per la valle. Altri cinque minuti e trentasette secondi, per via della discesa, e rientro dalla porta del Mentana. Mi fermo. Sbircio. Il *Ciomòne* e i suoi ospiti che non hanno ancora finito lo Champagne chiacchierano felici. Raddrizzo la schiena e la bottiglia. Mi asciugo il sudore sulla fronte. Mi avvicino al tavolo. Passo davanti ad Aviola che spalanca la bocca in tributo alla mia follia.

Inclino la bottiglia con l'etichetta ben a favore degli ospiti: "Signori, scusate se ci ho messo un po' a trovarla, era l'ultima bottiglia; in ogni caso, voilà, Volnay Les Mitans millenovecentonovantotto, Hubert de Montille!".

"*Très bien!*" mi fa eco il *Ciomòne*, allargandosi in un sorriso beato.

"Nella nostra *dimensione*, siamo ben felici di servire vini con queste *caratteristiche*", gli strizzo l'occhio io.

***

E le carte dei vini oggi? È chiaro che chi, come me, abbia avuto il gran culo di imbattersi, sulla strada radicale tracciata da Luigi Veronelli, in maestri come il monastico Sandro Levati, il succinto Sandro de Filippi e il maradonesco

Luca Melegari, non può che dichiararsi nemico giurato della gran parte dei ristoratori **non resistenti** contemporanei che animano senza amore né rigore il palcoscenico del *mondoristorante*. Costoro sono da considerarsi elargitori di ignoranza, assassini della cultura che non hanno diritto alle attenuanti di rito giacché indifferenti alla reiterazione del sistema omologante e depravante a cui svendono la propria apatica complicità. Perché la carta dei vini non è un listino dei toast e delle noccioline, ma una cosa molto seria. Oggigiorno è facile imbattersi, a qualsiasi livello di ristorazione, in carte immense ma spaventosamente non veritiere perché, per esempio, non aggiornate da anni, come quella di un ristorante storico della provincia di Parma (che prende il nome da un fiore primaverile) un tempo famoso anche per i suoi vini. Recentemente decido di dedicarmi, qui, un pranzo domenicale che si trasforma, oltre che in un calvario *tout court*, in una sorta di relazione didattica dal titolo "Tutto ciò che si può fare di peggio nella ristorazione senza farsi mancare nulla".

Chiedo un Barolo di una certa azienda, annata 1998, presentato in carta a un prezzo non insignificante. Mi viene portato, invece, con disinvoltura, un Barolo della stessa azienda, però annata 2011, senza specificarmi, tra l'altro se il prezzo sia diverso oppure no (non determinante ai fini della mia scelta personale, ma doveroso per la corretta procedura di servizio). Ma, fatto ancor più grave, la signora sommellière si accinge ad aprire la bottiglia senza avvisarmi della discordanza di annata, della quale mi accorgo accidentalmente e per il rotto della cuffia, quando ha già mezzo infilato il cavatappi nel sughero; dunque, senza il mio consenso. Di fronte al mio tempestivo provvedimento di interruzione della sua sciagurata manovra e al mio conseguente diniego, lei mi ammonisce stizzita: "Guardi che è lo stesso vino! Cambia solo l'annata...".

"Per l'appunto - le faccio io - mi perdoni se mi permetto di farle notare che tra un Barolo di vent'anni e uno di cinque, passa una non trascurabile differenza".

A questo punto mi viene restituita la carta e, tra vini mancanti e annate non corrispondenti, mi ritrovo sballottato come un sacco di patate attraverso tutte le regioni d'Italia e perciò, di fatto, attraverso tutti i vini, ipotetici, inseriti nella lista, e costretto, dunque, ad abbandonare ogni criterio di scelta connesso all'abbinamento al piatto, ad eccezione di quello, per me imprescindibile, della maturità. Dopo aver ordinato una decina di vini non disponibili e aver già "mangiato" antipasto e primo piatto che, nel frattempo, vengono serviti in automatica sequenza e nell'assoluta noncuranza dei tempi di sevizio, come a sottolineare che la colpa di non avere ancora nessun vino al tavolo sia da attribuire esclusivamente alla mia odiosa irresolutezza, ormai disarmato, accordo alla molto indispettita sommelière di portarci un vino a sua scelta che abbia, perlomeno, un affinamento superiore ai tre o quattro anni. Non ricevendo nulla, mi devo infine arrendere a mendicare un calice di Dolcetto per poter terminare l'anatra, già fredda, bevendo almeno un goccio di vino.

Esperienze simili accadono in otto ristoranti su dieci e palesano una trascuratezza per il mandato imposto dal **mestiere** di **ristoratore** che non merita di essere associata ad altre definizioni che non siano quelle di dappocaggine, incapacità, inettitudine, nullità, mediocrità.

Il servizio del vino rappresenta un momento molto delicato nello svolgimento di un tavolo, in quanto, oltre a costituire una sorta di *captatio benevolentiae* nei riguardi del cliente, come fosse l'inizio vero e proprio di un discorso, è da considerarsi anche e soprattutto come una *start up* a tutti gli effetti, dal punto di vista del ristoratore, in particolare se questi saprà considerare ciascun tavolo come un *progetto* da espletare pienamente, dall'inizio alla fine, rispettando una serie di precisi criteri procedurali.

Una carta dei vini sbagliata o non veritiera può creare un effetto domino su tutto lo svolgimento del progetto, contaminando e sinistrando inevitabilmente anche quelli che potrebbero, in teoria, essere i cosiddetti *power points* settoriali. Il ritardo reiterato del servizio di un vino, per esempio, potrebbe mettere in evidenza un difetto di tempestiva comunicazione tra sala e cucina, scatenando una sofferenza metodologica. O ancora, semplicemente, creare un disagio sistemico alla cucina stessa, qualora essa si trovi nella necessità di fare uscire un piatto in un determinato momento al fine di non deteriorare il ritmo della catena di produzione, fatto questo che andrebbe a incidere non sul solo tavolo *infetto*, ma sulle tempistiche complessive del servizio in atto. Quindi, come in ogni progetto di lavoro, una *start up* sbagliata causa l'aumento esponenziale dei rischi di errore, i quali, una volta concretizzatisi, evidenziano un alto potenziale di danneggiamento collaterale degli altri progetti in atto, ovvero ciascun tavolo del ristorante, che, seppur indipendenti gli uni dagli altri dal punto di vista del cliente, sono invece imprescindibilmente interconnessi non solo in virtù del medesimo fornitore (cucina) e medesimo distributore (sala), ma anche a causa della contemporaneità a cui è vincolata la realizzazione dei progetti stessi.

Il cliente consapevole, senza scendere nel merito delle cause, non esclusivamente legate alle fasce di disponibilità economica (del cliente inconsapevole, ribattezzato *prodottoconsumatore* parlerò più avanti) integrerà in modo praticamente indolore un disservizio, seppur grave, quando riferito a una spesa ritenuta irrilevante. Esprimerà facilmente un contenuto dissenso a fronte di una spesa più alta ma trascurabile. Contrattaccherà poi, ma con cautela, anteponendo la necessità di non *rovinarsi* completamente la giornata a quella di reclamare giustizia, un'esperienza amara come quella descritta più sopra (in questo caso, infatti, alla fine accetterà il bicchiere di Dolcetto e l'anatra raffreddata). Si ribellerà con veemenza, invece, laddove non solo il costo dell'esperienza sia da considerarsi appartenente alla "categoria lusso" ma anche, soprattutto, nel caso in cui tale costo sia assecondato e incoraggiato dai riconoscimenti ufficiali quali, per esempio, nel *mondoristorante*, le stelle Michelin.

Non si può allora zittirsi a motivo di una mera, timorosa sudditanza nei confronti degli illustri detentori dei riconoscimenti ufficiali. L'elenco delle depravazioni sarebbe infinito ma mi limiterò a ricordare brevemente di un ristorante stellato vicino a Torino in cui fui sottoposto, mio malgrado, a una tortura simile a quella descritta più sopra, ma con una differenza: dato che, al sopraggiungere del mio primo piatto, non avevo ancora ricevuto una bottiglia di vino, sempre a causa della negligente manutenzione della carta e conseguente indisponibilità a esaudire le mie legittime richieste, quando, per la terza volta mi riconsegnarono la lista dei vini, riordinai lo stesso vino che mi era stato poco prima negato.

"Signore, il Selosse Contraste lo ha chiesto poco fa... ci scusiamo ma devo ribadirle che è disgraziatamente terminato. Forse c'è stato un malinteso, non mi sono spiegata correttamente", mi avvisa la responsabile di sala.

"Signora mia", le faccio io, "lei si è spiegata in modo chiarissimo però, vede, mi avete già servito iniquamente due piatti. Questo è il terzo vino che vi accorgete di non avere in cantina, in concomitanza alla mia richiesta. A questo punto, oltre a stoppare la cucina, sarebbe quanto meno adeguato da parte sua, consegnarmi una carta dei vini aggiornata. Perciò, o lei depenna i vini che non mi avete servito, costringendomi nel frattempo a mangiare, oppure continuerò a ordinare gli stessi a oltranza, non senza averli infine io stesso spuntati, scarabocchiando la vostra bella carta con la mia penna personale, una Bic".

Il ristoratore stellato omologato **non resistente** è incapace di rapportarsi a ribellioni di questa portata, così come difficilmente si assumerà in prima persona, "mettendoci la faccia" come dicono i capitani delle squadre di calcio, la responsabilità diretta dell'inettitudine dei propri dipendenti. Ciò infatti equivarrebbe ad asseverare inequivocabilmente, senza ulteriori appelli, la propria incompetenza.

Una situazione di questo tipo si risolve, il più delle volte, con l'emarginazione del cliente in questione che sarà fatto passare per profanatore impazzito del Tempio e a cui verrà riservato il trattamento *scivola fuori*: alterazione al massimo grado asettico, nonché accelerazione del servizio. Scomparsa di qualsiasi addetto di sala nel raggio di diverse decine di metri dal tuo tavolo. E, infine, repentino *close up* (vedi capitolo "La sala") da parte di un imbarazzato lavapiatti pakistano, debuttante in sala, che si presenterà al tavolo con il tuo conto, a prezzo pieno ma senza scuse ufficiali, certamente munito di Pos portatile funzionale a una pronta strisciata direttamente al tavolo, in modo da agevolare la tua fuoriuscita nel tempo e attraverso il percorso più breve possibile. Tac!

C'è di meglio però: ovvero gli *stellati* in cui i proprietari svolgono misteriosamente l'unica, incomparabile mansione di salutare i clienti stringendo mani. Durante l'intera elaborazione del servizio, infatti, questi soggetti rimangono impalati a contemplare le pareti, guardandosi bene dall'intervenire sulle dinamiche in atto, perfino in caso di avvenimenti catastrofici o a fronte dei crimini più efferati, fatalmente commessi dalle loro improbabili ciurme di giovani stagisti lanciati allo sbaraglio.

Basta una sola stella Michelin per avariare l'integrità del ristoratore non cosciente e omologato che, scevro di qualsiasi fondamento filosofico ma sostenuto, per esempio, da una robusta base economica, abbia edificato il proprio ristorante stellato, nutrendo a priori il solo scopo della gratificazione sociale che vede la sua massima espressione nello stringere mani e nell'ingannare il tempo contemplando la figaggine del proprio locale.

Mi ritrovo, allora, in una sala perfetta, quasi zen, completamente vuota, dove l'unico coperto a tavola sono io. Ordino un *menu* da duecento euro, che non basterà alla società che gestisce il ristorante nemmeno per pagare le spese della lavanderia di una giornata lavorativa. Tra sala e cucina, i dipendenti schierati sono almeno dieci, quattro dei quali incaricati al servizio della mia bottiglia di vino, un Paleo, Tenuta Le Macchiole 2004. I titolari del locale sono seduti a un tavolo a chiacchierare. Ogni tanto lanciano un'occhiata distratta verso il loro unico cliente, il sottoscritto.

Arriva lo stagista col Paleo 2004. Lo presenta con timidezza. Dopo molte esitazioni, riesce a rimuovere la capsula dal collo della bottiglia. Io fingo di guardare il telefono per toglierlo dall'imbarazzo. I titolari, là in fondo, si fanno i cazzi loro. Infila il cavatappi. Cigola tutto. Non sale niente. Sulla fronte del ragazzino compare una goccia di sudore che ha tutta l'aria di essere freddo. Vorrei intervenire, spiegargli con paterno affetto come inclinare una bottiglia il cui tappo disidratato sta per sbriciolarsi e procedere agevolmente all'estrazione. Ma non posso, sto pagando per un servizio di alto livello. Sarei inopportuno. Offensivo. La bottiglia rimane diritta. Il cavatappi, spinto nervosamente sempre più giù, fa danni. Ormai ci siamo, il tappo si polverizza, inabissandosi irrimediabilmente, sotto forma di centinaia di micro frammenti, nel mio Paleo.

I titolari continuano spensieratamente a farsi i cazzi loro. A questo punto, il ragazzo sente che la cravatta con cui l'hanno vestito stringe più del dovuto. Penso che, forse, anche stappare il vino con la cravatta, oltre che berlo, come scrive *il Maestro del Fiume*, sia dannoso per la salute. I tre stagisti impalati dietro di lui fino a quel momento, finalmente intervengono. Eppure non sanno che fare, a parte contemplare con preoccupazione l'avvenimento e fare capannello intorno alla bottiglia. Ho riposto il telefono nella giacca, vorrei essere operativo ora; se esito ancora è per rispetto del mio ruolo. E poi, non vorrei che i titolari possano mai pensare che, in virtù di un aiuto generosamente concesso ai loro dipendenti, possa aspettarmi un cospicuo sconto. Di nuovo, infatti, mi giro verso i capi. Cerco il loro conforto, dato che i ragazzi non osano chiedere aiuto. Ma i capi continuano placidamente a parlare.

Non ne posso più; rompo gli indugi e chiedo allo stagista con la cravatta, il giacchino Armani e tutto il resto: "E adesso?".

"Adesso, signore, sinceramente, non lo so".

Lo rassicuro: "Adesso te lo dico io cosa, ce l'hai un decanter?".

"Sì signore" risponde rincuorato.

"Vai a prenderlo" gli faccio io.

I suoi colleghi si precipitano in cucina e ricompaiono dopo pochi secondi, recapitando sul *gueridon* una variegata squadriglia di preziosissimi decanter di cristallo dalle forme più disparate.

"Ecco signore, crede che ci sia qualcosa che possa fare al caso nostro qui?", mi chiede timoroso.

"Certo che c'è", gli faccio io. "Scherzi?".

"Quale, signore?" chiede lui, affidandosi ormai del tutto alle mie prescrizioni.

"Il più semplice", lo conforto nuovamente io, indicandogli l'utensile più adatto, "quello va benissimo".

Mi alzo. Prendiamo colino, reticelle, carte filtranti e, in operosa collaborazione, portiamo a termine l'operazione, seppur con scarsi risultati. I frammenti più minuscoli, centinaia, sono rimasti mescolati al liquido.

"Questo vino non si può bere", ribadisco rammaricato, "mi spiace. Porta un'altra bottiglia".

Il ragazzo annuisce e si dirige verso la cucina. I capi, finalmente, escono dall'ibernazione e lo seguono risoluti. Lo stagista ricompare, da solo, dopo alcuni minuti (di conciliabolo, presumo io)

"Temo che non sia possibile, signore, sostituire la bottiglia" mi comunica mortificato, "questa era l'ultima e, inoltre, non potrei cambiargliela. Sa, purtroppo è accaduto che lei, sì, insomma, come dire... lei ci ha messo le mani...".

Rimango in silenzio. Abbozzo un sorriso amaro. Guardo verso il tavolo dei capi. Sono di nuovo seduti. Bevono Ca' del Bosco Prestige, brindando con due o tre conoscenti.

"Non fa niente" lo consolo, "ma dimmi una cosa, "lo sai tu che vino è questo?".

"*Sissignore*... Paleo, Tenuta Le Macchiole".

"E sai cosa c'è dentro?"

"In che senso?"

"L'uva, le uve".

"Purtroppo mi sfugge, in questo momento, signore".

"Sai, io ho bevuto tutte le annate di questo vino. Il novantasei era straordinario. Tu lo sai chi era Eugenio Campolmi?"

"No signore".

"Immaginavo. Sei mai stato a visitare una cantina? E hai mai letto qualcosa di Veronelli?".

"Chi, signore?".

"Veronelli".

"Ah no, beh, no. Parla del Paleo?".

"Anche. Dovresti leggere qualcosa se vuoi fare questo mestiere".

"Senz'altro signore. Magari prima di andare, stasera, ci scambiamo un appunto e poi me lo cerco su Wikipedia. Qualcosa leggerò".

"Bene... allora si mangia? Ho molta fame. Cos'avevo ordinato? È passato tanto di quel tempo che ormai non ricordo più".

"Il monospaghetto, signore".

"Ah già, con i funghetti giapponesi, giusto? Quelli che sanno un po' di terra... direi un ottimo abbinamento per il mio vino all'infuso di sughero".

E se, ancora una volta, volessimo concedere le attenuanti ai ristoranti insigniti di una sola stella, applicando i canoni paradigmatici della ristorazione resistente esclusivamente ai rappresentanti dell'eccellenza classica (la conquista della terza stella richiede un percorso lungo e tortuoso), può capitare che un giovane stagista travestito da sommellier, in un Tre stelle superato dal tempo e sopravvissuto a se stesso attraverso lunghe e nebbiose stagioni padane, non sia in grado di spiegarti la differenza tra un Puligny di un produttore e uno Chassagne di un altro, per poi confessarti candidamente che non solo non conosce bene i vini della carta, ma che non è nemmeno sommellier ("perché perlopiù, qui, ci sono cene di coppie o di lavoro e la gente beve vini semplici, al massimo Franciacorta", che però viene venduto a venticinque euro al calice): per duecentocinquanta euro a persona, tutto ciò è inaccettabile. Insomma, se compro un biglietto di tribuna al Santiago Bernabeu, in campo, poi deve scendere il Real Madrid, non la squadra riserve del Maiatico FC: perché, se così fosse, sarebbe lecito lanciare pomodori e uova.

Le carte saccenti hanno le gambe molto corte e gli stagisti, prima di incravattarli, bisogna portarli, almeno una volta, a vedere com'è fatta una cantina.

I giovani ristoratori, quelli ancora vergini e mossi solo dagli ideali, dovrebbero prendere esempio dallo squallore diffuso da cui il *mondoristorante* si è lasciato trasversalmente contaminare, nessuna casta esclusa. Ignorare l'importanza delle annate, delle differenze di vendemmia, storpiare i nomi dei vini e degli uvaggi che li compongono, storpiare altresì, con naturalezza, la lingua italiana nella redazione delle carte dei vini *(chi parla male, pensa male; chi pensa male, vive male)*, è forse peggio che presentare ai clienti carte "virtuali", come le chiamava *Chichi* nei suoi articoli del martedì. Perché il deterioramento in profondità inizia dalla trasandatezza nella forma. La forma serve a comunicare bene. E il ristoratore **resistente** ha il mandato di comunicare, di divulgare in modo virtuoso, di fare cultura. Dopo vent'anni anni trascorsi a riflettere sul significato profondo del mio primo incontro con l'irreprensibile *Chichi*, non posso accettare di confrontarmi seriamente con la ristorazione omologata, se non per combatterla con tutte le mie armi.

Dopo vent'anni trascorsi ad allenarmi duramente ogni giorno per raggiungere la comprensione di un Barolo di Canonica o di Beppe Rinaldi, oppure di un Volnay di Hubert de Montille, non posso resistere all'immaginare di estrarre una pistola dalla manica e centrare in pieno petto - allargando poi le braccia in un profondo sospiro di sollievo, dopo aver esploso il colpo - il manager convinto di potermi convertire, nel 2018, al Cabernet Sauvignon in purezza di Panzano in Chianti. Raggiungere la comprensione di un vino nel bicchiere significa aver raggiunto la comprensione di un *terroir* e della sua storia, delle sue origini, del suo significante primo.

Ecco perché dico, al cospetto dei novantaquattro centesimi che Parker accorda a chi finalmente ha messo ad affinare il Barolo (abominio) o il Brunello in *barrique* nuove di legno francese, come vuole il mercato da lui stesso architettato, che ho l'impressione di essere tornato da un lungo viaggio iniziatico e ritrovare un mondo completamente diverso da come doveva essere.

Il *mondoparker* ha cambiato il modo di bere, lentamente, subdolamente. Abbiamo subito un lento e silenzioso condizionamento regolato da una scientifica multiprogrammazione: dapprima l'istituzione di una forma di giornalismo pseudo divulgativo, governato da parametri totalitari, capace di imporsi sul mercato del vino utilizzando la strategia di scatenare una competizione spietata su scala globale. Per farla semplice, il *mondoparker* prende tutti i produttori, li mette in una gabbia, punta un'arma carica su di loro e poi annuncia: scannatevi a vicenda, a chi resta in piedi risparmierò la vita. Avere salva la vita, in questo caso, significa essere premiati con i fatidici over novanta punti sulle sue guide. Per ottenere tali punteggi, però, è necessario adeguarsi ai parametri omologanti scevri di qualsiasi considerazione nei confronti di territorio, storia e tradizione, e perciò fautori, a pieno titolo, dello sterminio delle identità culturali. I parametri da rispettare sono invece meramente riferiti a precise caratteristiche gusto olfattive che il vino alla Parker deve possedere, a prescindere dall'origine geografica: sono per esempio le scale di concentrazione e di morbidezza, il cui ottenimento al massimo grado è subordinato all'uso di un determinato tipo di legno per l'affinamento, o di lieviti selezionati per la fermentazione. Nei parametri parkeriani è data poi estrema importanza alla fase tecnologica a discapito del lavoro in vigna, paradigma del rapporto dell'uomo con la terra e con le stagioni (non a caso Michel Rolland, nella sua intervista in *Mondovino* dichiara apertamente: *"chiedetemi di fare il vino sulla luna, lo farò"*, alludendo chiaramente all'uso della tecnologia come mezzo d'elezione rispetto al lavoro in vigna che, si sottintende, è soggetto a variabili imprevedibili e limitanti derivate dall'instabilità della natura e dalla aleatorietà del rapporto dell'uomo con la stessa). Tali parametri, seppur conditi dalla promozione della fede nella tecnologia come fattore di controllo della natura, presiedono il solo obiettivo di uniformare il vino a un gusto riconoscibile in tutto il mondo, suscitando nel produttore il miraggio dell'aumento illimitato del bacino d'utenza.

Per adeguarsi al sistema, il produttore deve rinunciare senza compromessi alla propria identità storica e culturale: così, egli si dovrà convincere che il Barolo, anche se è sempre stato fatto per essere Barolo, per entrare nel *mondoparker* dovrà assomigliare a un vino *parker*, perciò dovrà essere più scuro e muscoloso, più morbido e potente. E se il tratto enologico distintivo del Barolo, come pure la sua naturale predisposizione genetica, risiede, da sempre, nella levigatezza dei profumi, nella sapidità dei sapori e nell'eleganza delle sue sfumature, *chissenefrega*. Il produttore che ha sempre seguito il suo percorso, anche evolutivo, indipendente, ora si accorge che il suo vicino di casa, storicamente meno valente di lui, all'improvviso lo supera nei punteggi sulle guide. Il sistema lo porta così a chiedersi cosa fare per tornare al passo. La risposta, in molti casi, è fare un vino che piaccia al *mondoparker*. Apportare modifiche rilevanti a un consolidato sistema di produzione significa doversi avvalere di consulenze professionali all'avanguardia. E qui entra in scena quello che una volta si chiamava enologo esterno, ma che oggi è molto di più di un semplice tecnico. Innanzi tutto è molto amico di *Parker* se, per esempio, si chiama Michel Rolland e, in secondo luogo, le sue consulenze sono molto costose perché è un vero e proprio manager. Immaginiamo ora che più la consulenza sarà lunga o minuziosa, più il punteggio sulla guida sarà alto. Da qui in poi, il *mondoparker* gratificherà il produttore anno dopo anno con piccoli e graduali accrescimenti di valutazione, non mancando mai di evidenziare, però, la perfezionabilità del vino. E il produttore continuerà a chiedere consulenze per poter migliorare il suo *rating*, e perciò corrispondere sempre più ai parametri *parkeriani*. Dopo alcuni anni votati al sacrificio di se stessi, dei propri introiti, della propria identità aziendale e territoriale, il produttore si attesterà sul mercato con un vino *punteggiato* ma privo di legami con il percorso della propria azienda, spesso secolare, antecedente all'avvento del *mondoparker*.

Non sarà più Barolo, Barbaresco o Brunello di Tizio, Caio e Sempronio, ma sarà, invece, semplicemente, un vino alla *parker*, pronto per essere venduto a Hong Kong o Mosca, e per essere bevuto subito e da chiunque. I sostenitori del sistema asseriranno che il mutamento fa bene all'economia, avvicinando milioni di nuovi consumatori al mondo del vino. Ma è proprio alla fine della catena alimentare del *mondoparker*, là in basso, che stanno i consumatori, ovvero coloro di cui il *mondoparker* si nutre. Per questo li chiameremo convenzionalmente, d'ora in poi, *prodottoconsumatore*.

Il *prodottoconsumatore*, condizionato e addestrato a riconoscere come buono il gusto omologato, è coinvolto in uno schematico processo involutivo che lo porta gradualmente a perdere, senza rendersene conto, la capacità di discernimento, come in una sorta di sintonia col percorso svolto dal produttore, rimanendo indifeso rispetto a qualsiasi errore, travisamento o truffa.

Anche il degustatore di vino più esperto, una volta

assorbito in questo caos, vedrà in serio pericolo la propria capacità di discriminare.

***

Cammino dunque lungo i corridoi del *mondometro* e sto curiosando nel settore enoteca. Ogni settimana mi aggiorno con estrema meticolosità sui vini che approdano alla grande distribuzione (*mondometro, sottomondoesselunga, pianetacoop* eccetera) per avere la sicurezza di eliminare prontamente dalla mia carta ogni vino che, precedentemente e insospettatamente da me selezionato, sia impunemente giunto a tradimento sugli scaffali dedicati alla massa: non certo per classismo o discriminazione, ma semplicemente in difesa del mio lavoro di ricercatore.

Il mio attento giretto settimanale alla ricerca di vini da depennare sta per giungere al termine, quando mi imbatto in una bottiglia di Nero d'Avola dal packaging molto attraente, a novanta centesimi. Novanta centesimi di prezzo di vendita, non certo novanta centesimi *parker*. Un'occhiata ravvicinata mi basta per valutare il fatto che lo spessore del vetro e la forma della bottiglia, oltre alla sua bella e patinata etichetta, potrebbero da soli, escluso il liquido interno, costare al produttore ben più dei novanta centesimi di prezzo di vendita. La tentazione di acquistare questo oggetto mi rapisce repentina; che tipo di curiosa pozione potrà mai contenere questo rilucente flacone?

E se avesse anche il tappo di sughero poi, la trama s'infittirebbe alquanto. Il costo vivo del contenitore supererebbe certamente il singolo euro. E allora, i novanta centesimi, prezzo di vendita al pubblico, come giustificarli?

Le tipiche operazioni civetta, certo. Ma non resisto: senza indugio afferro la bottiglia e cammino spedito verso la cassa. Pago. Sìssignore, pago. Novanta centesimi di euro.

Mi dirigo ansiosamente verso casa. Mi torturo. Rifletto. Alla fine decido che mi troverò di fronte all'ennesimo paradosso enologico su cui si basa il *mondoristorante* contemporaneo, ma sono inspiegabilmente, comunque, eccitato. Arrivo al Mentana 104, è pomeriggio, sono solo. Mi siedo a un tavolo. Prendo un bicchiere Riedel; lo umilierò fra poco, e di ciò mi scuso religiosamente, con il Riedel, in lingua tedesca e a voce alta. Prendo un cavatappi. Procedo all'apertura della bottiglia. Sfilo la capsula: il tappo è di sughero. Sorrido. Non solo però! Reca addirittura il nome dell'azienda (ulteriore costo da sommare ai precedenti: la personalizzazione del tappo). Verso. Giro. Il colore è scuro e sintetico, se ne evince una concentrazione innaturale. Ammicco al talento di chi è stato capace di fare questa roba qui e mi rassegno all'impossibilità di applicare qualsiasi parametro AIS per la valutazione della collocazione geografica e dell'età del vino sulla base dell'analisi visiva. Sull'etichetta c'è scritto Nero d'Avola 2016; Sicilia dunque.

L'autenticazione di provenienza e annata a tavolino è quasi cosa fatta ma, ruotando la bottiglia, vado a leggere la contro etichetta. La scritta è piccolissima, ci vorrebbe la lente d'ingrandimento. Aguzzo la vista. Vicino al codice a barre, una righina sottilissima recita: "Prodotto da I. M.S.P. Q. a Cernusco sul Naviglio, Milano. Mentre mi dico *wow*! porto il bicchiere al naso. Ecco esplodere un'orgia di profumi: cicca alla fragolina di bosco, gomma al mirtillo, succo iperzuccherato di lamponi, Crystal Ball, Morositas miste, Fruit Joy, tavolette di vitamina C concentrata e, infine e soprattutto, Big Babol. Un arcobaleno psichedelico di aromi aggiunti disciolti. Sono così inorridito che decido di delegare l'esame gustativo allo scarico del lavandino. Sto per devolvere tutto il contenuto della bottiglia ai condotti fognari quando mi bussano alla porta. È il mio fornitore di salami speciali, un cinquantacinquenne godereccio, uomo di mondo, e rispettabilissimo bevitore di rossi. Nota subito, sul tavolo, la bottiglia aperta, il bicchiere pieno e tutto l'armamentario.

"Stavi assaggiando un vino?", mi chiede.

"Perché, sei assetato, forse", gli rispondo io.

"Beh, quello sempre", ridacchia lui.

"Allora assaggia questo vino e dimmi cosa ne pensi", butto lì di getto, porgendogli il calice. Ne assaggia un piccolo sorso. Indugia un istante, rotea gli occhi verso il soffitto. Beve di nuovo. Prosciuga il bicchiere.

"Buonissimo!" mi fa. "Ma cos'è?".

Io sono pietrificato. Mi attardo nella risposta. Non so se dirgli: "Ehi amico, ti sei appena tracannato un gran vino di merda da un euro a bottiglia" per poi scoppiare a ridergli in faccia, oppure : "È un nuovo vino che ho scelto per la primavera, una selezione clonale proveniente da un'esclusiva parcella di vigneto ai piedi dell'Etna, con viti di età media intorno ai cinquant'anni, prodotto in poche centinaia di esemplari".

Non riesco a resistere, gli propino la seconda risposta.

"Sei sempre il migliore" mi fa lui con una punta di invidia", non so come fai a trovare queste chicche".

E mentre lui se ne sta lì a riempirmi di complimenti e tutto il resto, la mia testa è già partita per la tangente. Non sento più una sola parola, concentrato come sono sull'idea diabolica che mi si è piantata come un chiodo in mezzo ai due lobi. Accompagno il mio uomo dei salami alla porta, abbozzando un saluto, come si fa da lontano. Ho bisogno di una porta chiusa a chiave, per pensare con calma. Mi chiudo dentro. Mi siedo. Fisso la bottiglia e comincio a ordire una trama criminosa.

Metterò in piedi una mia personale candid camera, solo per i miei occhi, e sottoporrò il mio nuovo vino a tutti i migliori esperti che conosco: critici, giornalisti, semplici intenditori, venditori e produttori di vino e sommelliers, continuando a spacciare per vera la mia seconda versione dei fatti. L'apice del mio sadismo e del mio masochismo, non è da escludere, potrebbero spaventosamente coincidere, dal momento che far assaggiare questo vino, al buio, ai massimi esponenti di un movimento, è pericoloso; significa rischiare di rassegnarsi alla nefanda possibilità che le future speranze del *mondovino* si dissolvano in una ben poco consolatoria solidarietà tra naufraghi. Ma voglio ancora credere all'esistenza di una classe di pionieri.

Innanzitutto, torno di corsa al *mondometro* e mi assicuro un intero cartone da sei bottiglie di questo fenomeno enologico postmoderno, prima che le masse acclamanti di baristi in orgasmo ne esauriscano irrimediabilmente le scorte (pronte a invadere i buffet di molte feste di laurea e forse, ahimè, addirittura di molti sgargianti rinfreschi matrimoniali).

La sera stessa sono pronto a dare l'inizio all'esperimento alla cieca. Muoio per l'eccitazione.

La mia prima vittima è un esperto selezionatore di piccoli produttori, come li chiama il *mondoristorante*, nonché manager di alcune importanti aziende italiane e stimatissimo degustatore. Io stesso nutro una solida e comprovata ammirazione nei riguardi della sua bocca. "Ti faccio assaggiare un vino interessante, dimmi cosa ne pensi...", butto lì.

"Beh, Luca, certamente, ma solo se è alla cieca eh, mi raccomando... sai che io i vini li voglio indovinare". Sogghigna compiaciuto. Gli porto il bicchiere. Fa ondeggiare il vino con la consumata perizia che gli appartiene, per qualche minuto. Ora lo guarda. Ora lo annusa. Poi, finalmente, lo introduce tra le labbra. Passano poche frazioni di secondo.

Ora sgrana gli occhi fino ad allargarsi in un incontenibile sorriso di stupore: "Ha un frutto incredibile, un tannino delicatissimo… sembra un Ruché, forse. In ogni caso, ne sono certo, è piemontese…

"Uhm", gli faccio in segno di approvazione, "bravo… bene… e poi, che mi dici poi?".

Un breve momento di riflessione, poi sobbalza: "Certo! Ho capito! Mi stai facendo uno scherzo! È uno dei miei vini! Dimmi, è così? Lo sapevo, è così. Volevi fregarmi eh, bricconcello!".

"Accidenti!", gli rispondo, facendogli la boccuccia da bimbo offeso, "non ti si può proprio nascondere nulla. Complimenti!".

I suoi commensali applaudono. Io gli do una pacca sulla spalla "Cavolo se è buono il tuo Ruché!", gli sussurro.

Il giorno successivo è la volta dell'esimio ed elegantissimo importatore dei più grandi vini d'Oltralpe a cadere nell'inganno. "È un vino non importantissimo, ma veramente ben fatto. Probabilmente un piemontese giovane, di una piccola cantina. Un vino curioso. Buono davvero!", dichiara solenne mentre, perfido, gli borbotto: "Niente Big Babol, dunque?".

"Come?", risponde, lisciandosi soddisfatto la cravatta.

"Nulla". concludo io.

Ora aspetto con ansia che venga a trovarmi un dotto giornalista enogastronomico di fama planetaria. Mi frego le mani. Sto diventando un vero serial killer.

"È sicuramente un *tripleA*, o comunque un vino bio, si intuisce subito. Direi un Côte du Rhône, centopercento Syrah", è la sua sentenza.

"Certo, tutto merito di quella intensa nota di Morositas", gli faccio eco.

"Favoloso!", esclama uno dei più importanti enocollezionisti d'Europa. Ma, si sa, i collezionisti, per loro stessa natura, non sono abituati a bere; stoccano tutto il meglio a scopo esclusivamente contemplativo.

I sommelliers, al contrario, non solo per indole, rappresentano l'alter ego del collezionista, e quando capita nel mio locale l'acclamato guru dei Wine Tasting mondani più giusti della città, non posso sottrarlo alla sua nemesi: "Uno dei migliori vini assaggiati quest'anno. Complimenti Luca, dove l'hai trovato? Sei sempre il migliore. Un Top Wine!". Quasi una benedizione della Fruit Joy, la sua osannante recensione.

I nomi illustri si susseguono ai miei tavoli, giorno dopo giorno e non uno, non un solo uomo libero, non una sola donna decorata AIS che non si entusiasmi per il mio intruglio segreto da novanta centesimi.

Preso, allora, da una sorta di delirio di onnipotenza, torno al *mondometro* e mi assicuro con ingordigia belluina altri sei cartoni di pozione, per un totale di trentasei bottiglie. Quasi come in preda a una specie di effetto stupefacente, ho perso la capacità di auto censurarmi e decido di estendere l'esperimento anche ai clienti paganti. Per alcuni giorni pongo alla mescita il nuovo rosso siciliano, descrivendolo in lavagna come il "Nero d'Avola che vi farà impazzire", al prezzo più che dignitoso di sei euro al calice. C'è solo una parola per descrivere il successo commerciale di questa operazione: plebiscito.

Passano diversi giorni prima di potermi rendere conto di essermi spinto, questa volta, troppo oltre. Comincio a sviluppare un'insofferenza, quasi un'allergia epidermica verso il mio vino. Mi capita, addirittura, di svegliarmi una notte in preda a un incubo. E mi ritrovo, durante il giorno, a perdermi in riflessioni filosofiche senza uscita sulla percezione della sostanza e i suoi condizionamenti. Lentamente, sviluppo un odio viscerale per il Nero d'Avola che fa impazzire i miei clienti. Sono ancora in tempo, mi dico, all'ultima aspra curva, forse, per riacquistare la padronanza di pensiero. Decido, senza ripensamenti, che tutto debba finire. Ma porre termine a questa aberrazione così, senza che la fine sia sancita da qualche avvenimento clamoroso, per esempio un intervento divino o qualcosa del genere, mi sembra ingeneroso nei confronti della portata dell'esperimento stesso. Stabilisco allora che il gioco cesserà solo nel momento in cui qualcuno, anche una sola persona si accorgerà finalmente di quale indicibile *merda liquida* io gli abbia versato nel bicchiere.

I giorni si rincorrono drammaticamente fino a quando, ormai esaurite le speranze, un pomeriggio benedetto, ecco capitarmi nel locale Claudio, il mio falegname, che deve aggiustare la pedana del bancone bar. Claudio, detto Alì, il miglior marangone della provincia, appoggia la cassetta degli attrezzi, si toglie il giaccone, si siede.

"Dammi un bicchier d'acqua, poi comincio!, mi dice. "Anzi no, dai, dammi un bicchiere di vino, a quest'ora ci sta".

Ho un brivido. Stappo l'ultima bottiglia di Nero d'Avola di Cernusco sul Naviglio e gli porto il solito bicchiere di Big Babol. Alì è rilassato, la sua mente è focalizzata sul piccolo perfetto restauro a cui fra poco metterà le mani. Avvicina distrattamente il bicchiere al naso. Aggrotta la fronte.

"Ma cosa mi hai versato?"esclama, interrogativo. "È uno scherzo? Scusami ma questa roba non la assaggio nemmeno".

Lo guardo incredulo:"Perché, cos'ha che non va?" lo incalzo, eccitato.

"Luca, non sembra neanche vino, dai è una sciacquatura da discount che rifilate ai banchetti di laurea insieme alle caraffe di spritz fatte col Prosecco da benzinai, questa! Va beh che me lo offri, ma se mi devi dare questo schifo,

te lo bevi tu, preferisco l'acqua… scusa, bevilo tu questo".
Ride. "Scusa eh, non offenderti eh, Luca…".

Con un balzo mi porto di fronte a Claudio, mi metto sull'attenti.

"Ma che cavolo fai?" s'imbarazza. Mi inginocchio al suo cospetto e dico solo due parole: "Grazie, Maestro!".

"Ma per cosa?", risponde lui, "sei fuori di testa?".

"La Big Babol non ci avrà mai!", decreto io con piglio da rivoluzionario cubano.

Il gioco è finito. È passato tanto tempo, oggi tutto si dimentica in fretta. Eppure qualche cliente ancora mi chiede: "Ma non lo tieni più quel Nero d'Avola buonissimo, con l'etichetta blu scuro, quello fruttatissimo?".

"Ah sì, quello là, certo, quello fruttatissimo...", rispondo. "Eh, no… non più".

"Peccato accidenti. E come mai?".

"Non lo producono più, un vero peccato".

E poi, quando tutta questa storia è finalmente alle spalle e hai fatto di tutto per rimuoverne la memoria, ti capita di entrare nel bar aperitivo più alla moda della città. Il bancone dell'happy hour è copiosamente e intollerabilmente imbandito con tonnellate di pizzette ammassate una sull'altra, stratificazioni paleozoiche di mortadella annerita e montagnole di tartine imbrattate di maionese *mondometro*. Ti avvicini al bancone e richiami l'attenzione del barman fresco di barberia e orgoglioso del suo coraggiosissimo ciuffo. "Scusa…" alzi il dito. Lui sta intrattenendo due fanciulle in perfetto tiro da venerdì sera. Gli concedi un tempo ragionevolmente utile alle sue necessità galanti. Poi lo richiami: "Scusa, dico a te, sì proprio a te". "Eccomi" esclama balzandoti di fronte come un pollo incravattato.

"Vorrei un bicchiere di Franciacorta per cortesia".

Lui allora sfodera lo sguardo più affascinante che gli riesca, ti fissa negli occhi con navigata sicurezza, come a dire "ci penso io a te, piccolo!" e, bello come il sole, ti risponde: "Certo mài frènd, cosa ti do? *Franciacortaprosecco*, *Franciacortachampagne* o *Franciacortabellavista*? Abbiamo tutto!"

"Ah!" gli fai, impietrito. Esci dalla paralisi e, dissimulando il tuo imbarazzo replichi cordiale: "ehm, no dai, *Franciacortaprosecco* non mi piace tanto. Magari mi prendo un bicchiere di rosso. Che rossi hai?".

E quello, carezzandosi la barba più metrosexual del quartiere, ti strizza l'occhio e ti fa: "Ahhh, ce l'ho io la cosa per te, zio!", e afferra la bottiglia che non avresti mai più voluto rivedere. Mi giro verso la lavagna dei vini, è proprio lui: il "Nero d'Avola che vi farà impazzire", a 6 euro al calice.

Gli faccio "Ma questo è l'intruglio magico!".

"Te l'avevo detto zio, è il tuo vino questo".

"Eh sì, proprio lui".

"Oh, ti faccio una confidenza zio, ma non dirlo a nessuno eh… questo me l'hanno consigliato al Mentana 104, hai presente no, il Mentana?".

"Sì, ce l'ho presente", gli dico, "ce l'ho presente sì… zio. Però, fammi un Gin Tonic che è meglio, va'".

Intorno a me sono tutti in tiro da venerdì sera con il loro bicchiere di *Franciacortaprosecco* stretto in una mano e la Marlboro Light accesa nell'altra.

Deprogrammazione Fase 1: i vini si bevono al buio

2007, Giugno. Di nuovo ieri.

Raccolgo i migliori collezionisti, nonché una rosa di eccellenza tra critici enoici e amici produttori da ogni parte d'Italia, intorno a una tavola rotonda per una degustazione alla cieca senza precedenti, *Il grande Pinot Noir, La Borgogna: annate 1998-2002*.

Sull'apparecchiata imperiale a cui stiamo per approcciarci, campeggiano illustri monumenti della viticoltura transalpina, dal DRC a La Tache, dall'Echezaux al Grands Echezaux DRC. Poi gli immancabili Dominique Laurent, Clos de Tart Mommessin, Domaine Leroy, Armand Rousseau eccetera. Alle postazioni di degustazione, come detto, sono schierati paffuti colleghi ristoratori, inavvicinabili giornalisti enogastronomici e produttori di vino. Al mio fianco, il giornalista Sandro Piovani, non proprio alle prime armi, ma ancora indeciso tra il mestiere di cronista pedatorio e quello di scriba della tavola.

Spiego, a beneficio del non frequentatore di degustazioni: ho versato tutti i vini in bicchieri ordinati numericamente, appuntandomi su un foglietto la disposizione originale. Sandro ha poi cambiato l'ordine dei vini a mia insaputa, appuntandosi a sua volta gli spostamenti eseguiti. Per esempio: io verso il DRC nel bicchiere n.1 e scrivo dunque sul mio foglietto "DRC -1". In un secondo momento, esco dalla stanza e Sandro, senza sapere in quale ordine io abbia versato i vini, sposta il bicchiere 1 al posto del bicchiere 8 e scrive sul suo foglietto: 1x8. Poi, per esempio, mette l'8 al posto del 3, il 3 al posto del 5 e così via, seguendo criteri aleatori, ma replicando le medesime posizioni su ciascun coperto. Nessuno dei partecipanti dunque, compresi Sandro e me, né alcun cameriere (che, se a conoscenza dell'ordine dei vini, potrebbe, nel corso della serata, influenzare il giudizio di qualche commensale anche con una semplice smorfia) sarà in grado di conoscere l'esatta collocazione dei vini in batteria. Ai partecipanti vengono fornite schede di valutazione tecnica necessarie ad assegnare un punteggio in centesimi a ciascun vino degustato. Al termine della degustazione, verranno sommati i punteggi di tutti i partecipanti e sarà stilata una classifica finale. E solo dopo la proclamazione dell'ordine d'arrivo, confronteremo i nostri appunti e saremo in grado di ricostruire gli spostamenti, stabilendo le corrispondenze corrette tra numero del bicchiere e nome del vino. Questa operazione darà un volto al vincitore, collocando altresì gli altri vini nella loro posizione finale.

Tutti i vini in gara sono dichiarati, a parte uno che, in gergo, si chiama vino pirata. Come padrone di casa spetta a me scegliere il pirata della serata e, dal momento che sono una persona perfida, scelgo di inserire, tra i colossi, il Clos de Tue Boeuf Cheverny La Caillère 2002, centopercento Pinot Nero come gli altri, ma non proveniente dalla Borgogna, bensì, con sagace inganno, dalla Loira, zona di *terroir* risaputamente meno vocati alla coltivazione della preziosa ma fragile regina delle bacche nere. L'intruso è un vino dignitoso, presumibilmente da pronta beva, prodotto da Jean-Marie e Thierry Puzelat in un vigneto di poco più di un ettaro, anche se di alberelli vecchi di circa 25 anni. Costa, all'ingrosso, circa 8 euro alla bottiglia. Il valore medio delle altre bottiglie in degustazione si attesta intorno alle centinaia di euro, con punte oltre i mille. La serata è riccamente dialettica. Come sempre, è la parte iniziale quella in cui la migliore concentrazione contribuisce a decretare le valutazioni tecniche più attendibili, tratte dai partecipanti nel consueto silenzio d'ordinanza. Poi appena il vino, financo il più nobile, comincia a incalorire la pelle e a sciogliere la lingua, si discute e ci si confronta fino a quando non sia esaurito ogni argomento favorevole o contrario a un bicchiere. Il risultato finale è: al primo posto Dominique Laurent (170 euro il prezzo di vendita al pubblico), al secondo posto Clos de Tue Boeuf (circa 25 euro in una rispettabile carta dei vini). Il primo vino piazzato in graduatoria della Romanée, cioè La Tache (600 euro), arriva al quinto posto.

In tutto ciò bisogna valutare soprattutto lo stato contingente delle evoluzioni in essere, la conservazione delle singole bottiglie, la qualità del tappo, la differenza tra i vini in riferimento a ciascun potenziale di longevità relativa. Si può facilmente prevedere, infatti, che i vini della Romanée *non pronti* perché acerbi, in un medesimo confronto spostato nel futuro, scalerebbero la classifica ribaltando i verdetti e surclassando i vini meno nobili, attualmente pronti perché già maturi, che li precedono in classifica. Ma, al contempo, è un dato di fatto che in una istantanea presa a caso, un vino biodinamico prodotto da un vignaiolo fuori zona al prezzo di 8 euro, può essere buono tanto quanto un vino valutato mille euro e prodotto da aziende considerate patrimonio dell'umanità e situate nei territori vocati per antonomasia.

La domanda ora non è tanto quale dei due vini ordineranno senza dubbio un gradasso magnate moscovita o un miliardario americano al ristorante, perché la risposta è ovvia. I suddetti profili, infatti, l'etichetta da 25 euro in carta non la noteranno per *default*, in virtù di una chiara deformazione patologica della retina, atta a captare esclusivamente articoli che presentino numerosi zeri alla voce *prezzo*. La domanda su cui è necessario riflettere è come abbia assimilato, il contemporaneo *mondoristorante*, deformato e leviatanizzato, quello che una decina di anni fa era da considerarsi semplicemente un buon vino da 8 euro di un onesto produttore. La risposta è che il *mondoristorante* ha ingurgitato il Tue Boeuf alla maniera dei Borg di Star Trek. L'umile e sincero vino di campagna della Loira, insieme a migliaia di suoi colleghi, è stato assorbito, catalogato e infine esposto nelle *Gardaland* gastronomiche in cui tutti i Tue Boeuf del mondo vengono pericolosamente proclamati come Star. Il *mondoristorante* partorisce e al contempo si nutre di ciclopici spazi espositivi, sia reali (modello *mondoeataly, mondofico*) che cibernetici (*mondointernet*), in cui ogni particolarità subisce il proprio annichilimento nella sua stessa glorificazione la quale, se dapprima è stata figlia di un apparente moto rivoluzionario animato da sinceri impulsi alla ricerca di valori oggettivi, potenzialmente atti a ribaltare taluni assodati canoni di fedi credute vere solo per accettazione classica e, dunque, lungamente incontaminate da qualsiasi forma di spirito critico, oggi si riduce a ininfluente frammento di un'unica globalizzante omologazione sistematica. Il singolo prodotto, in quanto frammento ingerito da tale meccanismo, ottiene dunque la propria glorificazione non più per il proprio valore sostanziale, bensì in virtù del proprio inserimento nel contenitore mediatico che ne diviene l'esclusivo determinante. Il prodotto è così interamente svuotato del proprio valore originale e sacrificato senza pietà a favore del totalitarismo enogastronomico, il cui unico scopo è lo sfruttamento senza scrupoli del *prodottoconsumatore*, cioè l'essere umano, il quale, a sua volta, è drammaticamente vincolato alla necessità di sentirsi parte della coniugazione mediatica di tale sistema per potersi autodeterminare (vedi anche il capitolo *"Media e Social"*).

Se, per un intervento divino, ci risvegliassimo di colpo, prima di darci alla rupe, avremmo certamente la possibilità di accorgerci con chiarezza che il meccanismo di sfruttamento usato dal mostro *mondoristorante* nei confronti del *prodottoconsumatore* è precisamente il medesimo che ogni sistema, dal *mondomotori* al *mondoviaggi*, dal *mondoshowbiz* al *mondomoda* e così via, utilizza schematicamente. Quella che si può definire era *ipersocial*, infatti, è caratterizzata da alcuni semplici passaggi: l'innesto iniziale dell'illusione di avere ribaltato, grazie all'iperdemocrazia attribuibile anche all'avvento del sistema Social Network, qualsiasi canone gerarchico socialmente assodato, in virtù del quale chiunque possa assurgere al grado di Star, su *Youtube* o *Instagram*, con l'unico merito di essere capace di *defecare all'insù*, per esempio.

In seconda battuta, il sapiente occultamento di questa illusione, previsto dal sistema, fa sì che ciascun individuo possa costruire intorno a sé un mondo virtuale, in cui la glorificazione della propria immagine nasconde un sotterfugio sufficiente a disattivare la percezione della realtà, nella quale, in vero, non si è altro che *prodotticonsumatori* inesauribilmente dissanguati dal sistema stesso che, in cambio, mantiene viva l'illusione della falsa glorificazione, necessaria a sua volta, a mantenere attivo il meccanismo. Il risultato finale si materializza inevitabilmente nel modello ricorrente della ragazzina semianalfabeta la cui opinione, metodicamente espressa attraverso una fotografia postata in *mondosocial* e mal corredata da poche parole messe in fila a fatica, diventa il punto di riferimento filosofico per i milioni di seguaci che la *followano*, ammorbati da fede incorruttibile. È così che il Clos de Tue Boeuf diventa una Star enoica, non per il proprio valore intrinseco, ma perché collocato in un raccoglitore/contenitore del *Tutto* che, se da una parte rende Star qualsiasi cosa riesca a fagocitare, dall'altra aggredisce il diritto a esistere di qualsiasi cosa ne rimanga estranea.

La mente così riammaestrata, ora più che mai, è perfettamente in grado di rifiutare categoricamente l'evidenza, pur di sostenere le proprie persuasioni *religiose*. Io ritengo che invece il vero degustatore di vino debba mantenersi ateo, *in primis*, nonché tenacemente gnostico. Dunque libero.

Deprogrammazione Fase 2: sviluppare l'attitudine all'anarchia intelligente per non cadere nel condizionamento.

Siamo a una cena informale, a porte chiuse, nel mio ristorante. Claudio Alì Alinovi, il Falegname, ha omaggiato la combriccola con l'inimitabile coniglio alla cacciatora della sua mamma. Siamo in abiti borghesi e a briglia sciolta, ma i vini della serata sono, come sempre, al buio. Teoricamente, sotto alla stagnola che avvolge le bottiglie, si nascondono solo Bordeaux Bourgeois e piccole etichette ben recensite dalla stampa, eccetto un Premier Cru a sorpresa, il canonico *vino pirata*. Si mangia, si beve, si parla. Tra le varie eccellenze, a un certo punto, spunta un vino che non mi convince. Lo assaggio più volte. Comincio la disamina.

"Questo vino è *cotto*, ci sento sedano bollito e passata di pomodoro. In bocca, cipria. Credo sia andato oltre, poteva essere un buon vino ma è in pessime condizioni. Presumo possa trattarsi di un'annata sfortunata oppure di conservazione scadente, ma non ci trovo niente di bordolese. Sembra quasi un Syrah del Rodano malriuscito".

Qualcuno rincara la dose " È lo stile Rolland… li tirano troppo questi vini ormai…".

"Già, stile Parker. Cotti a puntino…", aggiunge qualcun altro. "Ormai li fanno tutti così a Bordeaux: osmosi inversa, concentratori, vini bolliti".

"Che tristezza".

"Dove andremo a finire?".

Per fortuna il coniglio di Alì è stratosferico. La discussione sul vino *cotto* però prosegue fino a fine serata. E mentre Alì approfitta della mia cucina per prepararci dei favolosi mini panettoni monoporzione con crema inglese espressa, scartiamo le bottiglie. Arriviamo al vino incriminato: è proprio lui, il Premier Cru di Graves, quello che avrebbe dovuto affermarsi come campione indiscutibile della serata, lo Château Haut-Brion 1995.

"Urka!" esclama qualcuno.

"Mannaggia che delusione!", qualcun altro.

"Nooo, non ci credo, il mio idolo di eleganza!", uno ancora. Mangiamo il dolce, buonissimo. Fumiamo, passiamo ai distillati. Trascorre un lasso di tempo sufficientemente lungo perché un trauma possa essere cancellato. Così, a notte inoltrata, con l'ultimo ballon di rum tra le dita, il capitolo, che doveva essere chiuso, si riapre inaspettatamente.

Uno dice: "Però dai, l'Haut Brion non era così male. Secondo me siamo stati severi, troppo severi".

"Penso anch'io" salta subito su un altro.

Si ricomincia pericolosamente a parlare di Haut Brion. Qualcuno accampa nuove giustificazioni: "L'abbinamento con il coniglio era sbagliato, è colpa nostra, non abbiamo valorizzato un vino così elegante che necessitava di un piatto delicato per esprimersi al meglio".

Parla e parla, non si capisce come, all'improvviso nel cuore della notte, l'Haut Brion diventa, a suon di alibi figli di memorie molto corte, il vino migliore della serata. E noi commensali, come folli rinsaviti, ci ritroviamo ad auto fustigarci per la nostra stoltezza: "L'abbiamo aperto troppo presto!".

"Siamo dei viziati".

Viziati poiché abbiamo osato criticare un vino da 400 euro per cui ognuno di noi, in verità, nutre una sudditanza psicologica ancestrale e, non meno, perché è da una vita che ci sentiamo ripetere che Haut Brion è il vino più elegante di tutta la Gironda.

Se invece che Haut Brion, l'etichetta avesse recitato Nero d'Avola di Cernusco, allora sì che la nostra opinione sarebbe rimasta solida come una roccia?

***

Eccomi di nuovo qua, alla fiera *Terre di Toscana*. L'Oyster Martini di Andrea Silvestri è stato corroborante almeno quanto la pedalata che mi ha riportato in me. Rientro. Perché Parker riesce a condizionarci? In effetti una parte di mondo è davvero cambiata e noi siamo obsoleti rispetto a loro. Sono cambiati tutti quelli che si sono adeguati. Iniziò coi Bordeaux. Per rimanere a galla in un certo periodo di grande concorrenza dell'Italia, al clan dei Castelli francesi, appaiati dai bordolesi italiani sul piano della fama e, in seguito, surclassati sul mercato, in virtù dei prezzi decisamente più bassi, fu offerta la soluzione del meccanismo del punteggio giornalistico che avrebbe determinato, di lì a poco, una vertiginosa risalita della produzione d'Oltralpe sul mercato internazionale. Il meccanismo stimolò, in particolare, la richiesta dei nuovi paesi ricchi, Russia dapprima, poi Giappone, Cina, Hong Kong, eccetera. Per avere i punteggi alti bisognava fare un vino provvisto di caratteristiche specifiche che erano state individuate in una maggiore bevibilità e prontezza nei vini da invecchiamento da una parte, e in una maggiore concentrazione in generale, dall'altra. Per realizzare questi vini, i produttori dovettero adeguarsi. Parker stesso spiega, con disarmante innocenza, come in quel periodo ricevesse centinaia di telefonate di produttori che gli chiedevano in che modo dovessero interpretare il loro vino per potergli piacere (vedi intervista Ch. Kirwan, *Mondovino*).

Parker, semplicemente, consigliava loro di chiamare Rolland, il quale prestava consulenze professionali. I voti aumentavano e le aziende ricominciavano a vendere. Nel giro di pochi decenni il meccanismo parker si è esteso alla Borgogna, dove oggi vengono prodotti molti vini *parkeriani*, caratterizzati da una maggiore concentrazione e dall'uso sistematico della *barrique* nuova e dei lieviti selezionati. Ai produttori di questi vini, impensabili fino a pochissimo tempo fa, viene attribuito convenzionalmente, ma in modo concettualmente erroneo, il titolo di *modernisti*. Il sistema Parker constatiamo, dopo qualche anno di osservazione, tende a esaurire le risorse delle realtà che ingloba, inaridendo le possibilità di nuove spinte nel breve e medio termine (inibendo in particolare la sperimentazione, auspicabile, di fatto, dopo aver modificato irreversibilmente lo stile tradizionale) all'interno della ripetitività omologata. Se tracciassimo un Atlante storico dei movimenti dell'*esercito parkeriano* degli ultimi anni, noteremmo che, dopo avere conquistato la Borgogna, notoriamente tradizionalista, esso si è spinto nel Rodano, regione sistematicamente ignorata fino a pochissimi anni fa (d'altronde lo stesso Parker, in passato, aveva dichiarato di non essere in grado di giudicare alcun vino che non provenisse da Bordeaux o che non fosse assemblato con vitigni prettamente bordolesi, delegando quindi al suo staff di collaboratori le recensioni dei vini provenienti da altre regioni) e perciò estremamente appetibile per l'innesto di un sistema già perfettamente collaudato. Il movimento di invasione verso sud prosegue con l'assoggettamento della Toscana e perfino del Piemonte, dove molti giovani viticoltori attratti da facili possibilità di ascesa e inaspettate aperture su canali di commercio estero, ma anche molti produttori storici, bisognosi di muovere un mercato languente, si convertono per diventare seguaci del Barolo in *barrique* e del cosiddetto *modernismo*. La Toscana, soprattutto sulla costa, aveva già vissuto la voga bordolese virtuosa in epoca preparkeriana, grazie agli studi agronomici del Marchese Incisa della Rocchetta e a tutto ciò che ne seguì, a partire dal Sassicaia. Per circa un decennio si è avuta l'impressione che si sarebbe potuta consolidare, sul territorio, una suddivisione naturale con il Sangiovese a rappresentare la tradizione dell'entroterra collinare e i vitigni internazionali, invece, la modernità della fascia costiera. Ma la crisi economica e il rilancio dei concorrenti esteri, non solo la Francia, scombinarono le carte sia da una parte che dall'altra e chi non ebbe il coraggio e la consapevole certezza per rimanere fedele ai propri progetti da una parte e ai canoni consolidati e per nulla biasimevoli della tradizione dall'altra (con la facoltà di governare tecnologia e uso del legno), si lasciò risucchiare e inglobare dal *mondoparker*. *Giorgio Primo* è l'emblema del condizionamento di marca *parkeriana* e, soprattutto, della confusione strategica che il meccanismo inglobante sostiene affinché l'utente medio fatichi il più possibile a praticare il discernimento: la difficoltà nella decodificazione delle etichette italiane, per esempio, era un problema già noto a Veronelli, che non perdeva occasione per rimarcare come qualsiasi vino francese fosse facilmente comprensibile a partire dall'etichetta, in virtù della perfetta corrispondenza tra vitigni e loro area geografica di pertinenza, mettendo in guardia, invece, il produttore, nonché il legislatore italiano rispetto all'ambiguità dell'etichetta indigena, dovuta certamente alla mancanza di adeguati Disciplinari, ma anche alla discontinuità e volubilità del produttore italiano, incapace, a suo avviso, di rimanere fedele a una tradizione di per sé elettiva e illimitatamente modernizzabile, seppur in sinergia col suo proprio consolidamento.

Il ristoratore che ha seguito un percorso evolutivo deve confrontarsi costantemente con un sistema che condiziona il gusto, poi il produttore e infine il consumatore che, per definizione, non può essere un critico. Quindi spetta al ristoratore stesso, che in questo sistema gioca il ruolo di promoter/distributore con licenza di divulgatore, il compito di interporsi tra il produttore e il consumatore, diventando un **filtro virtuoso** in grado, da un lato, di arginare i flussi *contaminati* e, dall'altro, di promuovere e divulgare le realtà etiche, virtuose e sostenibili, educando, ispirando e, se necessario, *riprogammando* il consumatore.

L'arma poderosa a disposizione del ristoratore per respingere gli attacchi dell'omologazione, difendere la propria posizione e, soprattutto, per consacrarsi allo svolgimento del suo servizio al consumatore è, indubbiamente, la Carta Dei Vini. Essa deve essere la traccia su cui il ristoratore possa costruire le fasi dialettiche più importanti della sua interfaccia col cliente. Essa deve essere lo specchio del vissuto e della conoscenza del ristoratore. Ma anche una tavola di condivisione, discussione e unione. E che sia un vero e proprio codice di comunicazione, un punto d'incontro, uno strumento di fiducia. Un territorio di scambio.

Ma quali sono i criteri da seguire per far sì che essa sia tutto questo?

Come deve essere una carta dei vini oggi, nel 2018? Luigi Veronelli risponderebbe che la carta dei vini perfetta deve essere semplicemente **euritmica**.

Come un'orchestra in cui, al ritmo del cuore, pulsino armoniosamente insieme vocazione, predisposizione, esperienza, conoscenza, gusto, talento, verità, umiltà, ordine.

Per me, essere **euritmico** è partire per un'avventura in fondo a cui, forse, ci sarà una bottiglia di vino in più ad accrescere la mia τιμη.

Il paradigma della τιμη della mia carta dei vini, conquistata sul calcareo campo di battaglia, è incarnato dal viticoltore **resistente** Walter Massa, comandante supremo dell'**Anarchia Costituzionale**, un moscato la cui fragranza suona come un corno soave ad annunciare che la battaglia contro l'omologazione ha un suo inespugnabile avamposto sui colli Tortonesi.

Saliamo su per la collina percorrendo una strada malconcia costeggiata da vigne spettinate, selvagge. È un altro Piemonte rispetto alla Langa. Mi evoca paesaggi e luoghi della mia infanzia, reduci della seconda guerra mondiale e schivati dalla modernizzazione del boom economico degli Anni Sessanta: la facciata di un improbabile edificio condominiale, isolato nella campagna, mancante di tetto e invaso dalla sterpaglia, figlio abbandonato dell'abuso edilizio perpetrato da qualche giunta comunale democristiana non abbastanza longeva; un trattore dimenticato, mollato al bordo della strada, divenuto l'alcova preferita di qualche gallina ruspante.

La cantina di Walter Massa, lassù in alto, pare una nave che, scampata a un bombardamento nemico, si nasconda in acque lontane. Noi, Marina e io, somigliamo a naufraghi ignari, quasi stupiti di essere stati salvati, perché infelicemente dimentichi della nostra natura. Il luogotenente del comandante, un redivivo e selvatico Aureliano Fuciletto, risveglia la nostra memoria antica con teatralità, camminando scalzo sull'erba, sulla ghiaia, sul vino, sui cocci.

Cocci tiene anche tra le mani, a guisa di bicchieri per la sua bevuta ininterrotta. Walter, seguito un passo indietro dal fedele Aureliano, ci ubriaca di mille assaggi, presi da botti di esperimenti segreti nascoste nei campi dentro a casotti di pietra.

Massa osanna la sua terra. E Aureliano gli fa eco. Massa ringrazia le sue vigne. E Aureliano, grosso e unto, impreca di gioia. Massa intona il gospel al suo cielo. E il grasso e sconcio Aureliano, come un angelo dalla voce celestiale, canta il coro solenne al sole. Massa è un contadino grato alla sua terra, a cui attribuisce ogni merito. Walter Massa fa vino senza curarsi del sistema inglobante e omologante e ricompensa la sua terra con il rispetto senza compromessi per la materia grezza, forgiata con il coraggio della reciprocità e affinata con ubbidienza ai bisogni della sua stessa natura. Da qui nascono succhi possenti la cui vitalità viene direttamente dalla forza della terra, accudita e protetta dalle mani dell'uomo, senza artifici. Da qui nascono vini come la Bigolla che, in virtù dell'anarchica e libera osservanza del processo necessario alla piena espressione di sé, vengono concessi al mercato (che, di regola, non può aspettare) dopo almeno dieci anni di affinamento, senza compromessi, né concessioni al sistema omologante.

***

Vorrei potermi auto decorare con la croce al merito per aver collocato Movia tra le mie linee, ma, da classico primo tifoso, mi basta averlo titolare fisso in carta, come molti ugualmente a me.

Il ritratto: Ales Kristancic

Ales è il mio guerriero preferito, anzi il mio eroe. Sono certo infatti che, quando le truppe di Vega minacceranno la Terra, se Goldrake proteggerà il Giappone con le armi spaziali, Ales salverà il Mediterraneo da solo, a mani nude: la sua tribù di contadini guerrieri, forgiata da Efesto in persona, atterriva i Pelasgi e annientava gli inarrestabili Turchi. Ales, ultimo discendente dei Kristancic, ha le mani più grandi e vigorose (e belle, dopo quelle di mio padre) che abbia mai visto, capaci di dissodare la terra senza attrezzi, fendere la roccia senza verga e stritolare l'armatura del nemico senza lame rotanti. Quando parlo con lui ondeggio. Vorrei guardarlo negli occhi, concedendomi brevi incursioni tra le sue magnifiche rughe flagellate dalla terra e dal sole ma mi sorprendo, ogni volta, a inciampare nella contemplazione dei suoi poderosi dorsi sventolanti nell'aria, mentre racconta che ogni cosa che fai **"diventa tua carne"**.

Con il suo italiano quasi perfetto, mi arringa: "Dobbiamo essere orgogliosi di nostro lavoro. Orgogliosi, orgogliosi, però non fare sbagli: anche non avere il vino, o le acciughe, se non ci sono quelle vere. Non che devi avere le acciughe per forza. Puoi anche scrivere: oggi ho solo il pane, *diopovero*. Perché così si fa la differenza, solo così si fa la differenza". Sospira. Riprende: "Per esempio, qua non c'è compromesso: io, se viene annata del cazzo, che viene... sono senza vino. Capito? Ma non importa, se ti mostro quanti vini sono falliti, ti prendi per la testa, però il vino, come tutte le grandi cose, è al bordo, vicino a impossibile. È lì che deve arrivare. Quando sei su, vuol dire non che ce l'hai fatta, ma che hai ancora spazio di avvicinarti. Abbiamo il *Lunar*: se uno mi viene ancora a dire che non si può fare senza *solforosa*, vuol dire non rispettare un collega, capito? Prendete questo vino e fate analisi. Si può fare grandissimo vino senza solforosa. Tutto quello che tu mangi o bevi, diventa parte di tua carne. Diventa tuo corpo. Sai come devi credere, sai quante mani passano. La nostra importanza è primaria, primaria. Bene, adesso facciamo una cosa da pazzi, una cosa che non abbiamo mai fatto prima. Andiamo dove è buio. Guardiamo luna e fumiamo sigaretta".

Mi fermo ad ammirare le sue mani giganti che, tutt'altro che impacciate, poetiche in verità, manovrano l'etereo, serpeggiante *decanter Movia* da cui estrae, rivitalizzati come ambrosia primigenia, *i suoi vini di luna.*

Il manifesto di Luca Gargano del 2001

La leggenda narra che Gargano fu folgorato nella notte, a casa di Ales Kristancic in Slovenia, mentre dormiva all'aperto, ebbro, su un pezzo di cartone ricavato da una cassa di Ribolla Movia.

Introduzione

La maggior parte dei vini attualmente prodotti nel mondo sono standardizzati, cioè ottenuti con tecniche agronomiche ed enologiche che mortificano l'impronta del vitigno, l'incidenza del territorio e la personalità del produttore.

La standardizzazione sta generando vini simili in ogni angolo del pianeta, appiattiti nei caratteri organolettici e incapaci di sfidare il tempo. L'utilizzo della chimica nel vigneto e l'utilizzo dei lieviti selezionati in laboratorio sono le due cause principali di questa standardizzazione. I grandi vini, i vini emozionanti, sono frutto di un lavoro agricolo ormai quasi scomparso e di una vinificazione la meno interventista possibile. Il vigneto coltivato come un orto.

Il manifesto dei produttori **Triple A** indica i criteri di selezione fondamentali che accomunano gli ultimi superstiti che producono vini degni di essere un mito come è sempre stato nella storia dell'uomo.

Questo manifesto nasce in seguito alla constatazione che buona parte dei vini attualmente prodotti nel mondo sono standardizzati, cioè ottenuti con tecniche agronomiche ed enologiche che mortificano l'impronta del vitigno, l'incidenza del territorio e la personalità del produttore. La standardizzazione sta generando vini simili in ogni angolo del pianeta, appiattiti nei caratteri organolettici e incapaci di sfidare il tempo. Secondo questo manifesto, per ottenere un grande vino, ad ogni produttore occorrono 3 doti basilari riassumibili nelle 3 A di:

● A come Agricoltori
soltanto chi coltiva direttamente il vigneto può instaurare un rapporto corretto tra uomo e vite, ed ottenere un'uva sana e matura esclusivamente con interventi agronomici naturali.

● A come Artigiani
occorrono metodi e capacità "artigianali" per attuare un processo produttivo viticolo ed enologico che non modifichi la struttura originaria dell'uva, e non alteri quella del vino.

● A come Artisti
solamente la sensibilità "artistica" di un produttore, rispettoso del proprio lavoro e delle proprie idee, può dar vita ad un grande vino dove vengano esaltati i caratteri del territorio e del vitigno.

Da queste considerazioni iniziali si ricava un decalogo, le cui regole devono essere rispettate da chi voglia produrre vini Triple A.

Il Decalogo dei Vini Triple A

I vini Triple A possono nascere solo:

● da una selezione manuale delle future viti, per una vera selezione massale

● da produttori agricoltori, che coltivano i vigneti senza utilizzare sostanze chimiche, chimiche di sintesi rispettando la vite e i suoi cicli naturali

● da uve raccolte a maturazione fisiologica e perfettamente sane

● da mosti ai quali non venga aggiunta né anidride solforosa né altri additivi

● l'anidride solforosa può essere aggiunta solo in minime quantità al momento dell'imbottigliamento

● utilizzando solo lieviti indigeni ed escludendo i lieviti selezionati.

● senza interventi chimici o fisici prima e durante la fermentazione alcolica diversi dal semplice controllo delle temperature. (Sono tassativamente esclusi gli interventi di concentrazione attuati con qualsiasi metodo)

● maturando sulle proprie "fecce fini" fino all'imbottigliamento

● non correggendo nessun parametro chimico

● non chiarificando e filtrando prima dell'imbottigliamento

***

Rientro, dunque, nel salone che avevo abbandonato con *furiosissimo sdegno*. Vedo tante file di banchetti con tanti piccoli Brett, intenti a promuovere la *loro filosofia*. La pace ora è scesa su di me. Mi guardo intorno, mi dirigo verso lo stand di un produttore il cui nome riporta un *pay off* che ha a che fare con i concetti di naturale, biologico e roba del genere.

Mi faccio versare il Cabernet Sauvignon/Merlot *Bio* per l'assaggio. *"Vanilla imperat!"* esclamo.

"Come scusi?", mi chiede basita la mescitrice pacioccona.

"Sto per lasciare la fiera", rispondo serafico, "ma voglio farle un regalo prima di andarmene. Ascolti questo passo che conosco a memoria, perfetto per l'occasione (da una citazione rielaborata dal *Don Bastiano* del "Marchese Del Grillo"): Voi, massa di pecoroni invigliacchiti, sempre pronti a inginocchiarvi, a chinare la testa davanti ai potenti! Adesso inginocchiatevi, e chinate la testa davanti a uno che la testa non l'ha chinata mai, se non davanti a questo *strummolo* qua! Inginocchiatevi, forza! E fatevi il segno della croce! E ricordatevi che pure Nostro Signore Gesù Cristo è morto da infame, sul patibolo, che è diventato poi il simbolo della redenzione! Inginocchiatevi, tutti quanti! E segnatevi, avanti! E adesso pure io posso perdonare a chi mi ha fatto male. In primis, al Papa (*Parker*), che si crede il padrone del Cielo. In secundis, a Napulione *(Rolland)*, che si crede il padrone della Terra. E per ultimo al boia (*l'enologo*), qua, che si crede il padrone della Morte *(il vino)*. Ma soprattutto, posso perdonare a voi, figli miei (*prodottoconsumatore*), che non siete padroni di un cazzo!".

Postilla

Esistono pochissimi luoghi di ristorazione al mondo in cui si possa considerare lecita l'assenza di una carta dei vini scritta. In alcuni rarissimi casi, tale impostazione è addirittura necessariamente funzionale all'adempimento del mandato dell'oste. Diego Sorba, al Tabarro di Parma, è fulgido esempio di come si possa, arrivando a incarnare la propria missione in senso tutt'altro che figurato, diventare una carta dei vini vivente, vocale e interattiva in costante virtuoso divenire. Questa chiave di lettura viene fornita a posteriori e sotto forma di *post scriptum* proprio a motivo della rarità del suddetto fenomeno. Il capitolo può essere ripercorso muniti di questa preziosissima notifica, oppure si passi oltre, considerando la possibilità dell'esistenza di livelli oltre scala, raggiunti solo attraverso l'applicazione di una disciplina rigidissima.

Capitolo terzo
Acqua

Ricetta del giorno: il tè

Mettete sul fuoco il pentolino con l'acqua di sorgente per preparare l'infusione di foglie verdi Lung Ching o di gemme di Pai Mu Tan che avete personalmente acquistato, dopo attente considerazioni e animate trattative, dai mercanti provenienti dalle terre dello Zehijang che arrivano settimanalmente al mercato di Hangzhou. Tenere il fuoco basso, aspettare che l'acqua faccia le sue prime piccole bolle: i cinesi la chiamano *acqua bambina*. È in questo momento che dovete spegnere il fuoco e mettere le foglie di tè in infusione.

Dovete fare in modo di non farvi sfuggire quest'attimo perfetto. Se l'acqua comincerà a bollire con le foglie di tè, estrarrete gli elementi amari, mentre gli aromi dolci andranno persi. Nell'attesa del primo muoversi dell'acqua, contemplate come il tempo cominci a rallentare fino a fermarsi, per aiutarvi a individuare con la massima precisione l'istante perfetto delle bolle bambine. Lasciate ora le foglie in infusione il tempo necessario a raggiungere uno stato di pace profonda. Ora versate il tè in tazze di porcellana di Hokkaido lavorate manualmente e cotte a oltre millecinquecento gradi: le vostre mani, nello stringere la tazza, non avvertiranno la temperatura elevata della bevanda. Sorseggiate lentamente di fronte a un tramonto invernale.

L'insegnamento cinese della meditazione sull'acqua bambina mi è stato trasmesso dal maestro di acque di fonte e di tè Nino Papani.

***

31 Dicembre 2017, forse ieri.

Mentre le moltitudini, a suffragio della propria appartenenza a un'epoca e secondo corrente incontestabile logica, offrono i dovuti tributi al grande chef pluri-stellato che lascia questo mondo, io non posso non pensare, su un percorso parallelo altrettanto incontestabile, a chi ha veramente rivoluzionato l'enogastronomia italiana, il maestro Luigi Veronelli. Egli, con incredibile naturalezza, impensabile avanguardismo, profondissima cultura classica e finissima coscienza politica, negli anni sessanta comincia a risvegliare la coscienza dell'ignaro coltivatore italiano, del rozzo allevatore, dell'anonimo vignaiolo, tentando in ogni modo possibile di influire sulla legislazione nazionale dell'epoca e, soprattutto, ponendo le basi di una rivoluzione anticipata rispetto alle inaccettabili regole del gioco che un trentennio più tardi l'Unione Europea stabilirà impunemente a favore delle multinazionali. Luigi Veronelli vuole che il contadino si riappropri della terra, che il viticoltore *cammini* con coraggio le proprie vigne, posizionandosi come naturale depositario del sapere che regola l'equilibrio tra terra e cielo.

Quello che abbiamo pensato di riprenderci nell'era iperdemocratica e ingannevolmente libera che stiamo attraversando, in realtà non ci fu mai tolto. Lo hanno semplicemente e gradualmente comprato. I vini dei vignaioli, gli oli di frantoio, le *dop*, le *doc*, le *igp*, tutto. Dal produttore iniziale fino alla bottega, o al ristorante, ormai non c'è più quasi nulla di autentico. I migliori Chef, i migliori ristoranti? Sono schiavi. Mi stupisco, a volte, quando in un ristorante stellato, trovo una marca di acqua, o di caffè, diversa da quelle che imperversano nella maggior parte delle tavole premiate. Mi stupisco quando, in un ristorante stellato, mi servono un'insalata che non provenga da determinati fornitori di scala industriale. Ci bendano gli occhi con le gare di cucina, ci distraggono attirando tutta la nostra attenzione sulle mirabolanti capacità tecniche ed epifaniche dei grandi chef. Così guardiamo la manina del mago che si agita, mentre con l'altra ci nasconde l'abominio: cioè che tutti utilizzano una preponderante quantità di prodotti imposti, industriali, non naturali, tossici e in assoluta noncuranza dell'impatto ambientale, della salute e di un'economia virtuosa.

Ci hanno tolto la terra, comprando la nostra avidità. Ora pensano di toglierci l'acqua.

Se siamo arrivati al punto in cui il presidente di *mondonestlè*, la più potente multinazionale in campo alimentare, può permettersi di dichiarare apertamente che ritenere l'acqua un bene comune a cui tutti possano continuare ad avere accesso, sia un estremismo da combattere considerando fin da subito l'idea della privatizzazione mondiale dell'acqua, significa che l'ultimo prodotto da acquistare, cioè l'essere umano, o *prodottoconsumatore*, è crollato al prezzo più basso di sempre. Gli esseri umani, da pedine del Risiko, sono stati definitivamente trasformati in mero prodotto da supermercato.

Ripenso a uno dei tanti indimenticabili libricini che Veronelli scriveva a tempo perso, Sorella Acqua. E penso che non potrà esserci alcuna libertà nel futuro prossimo, se non si comincerà a riconquistare la propria indipendenza di pensiero, che deve obbligatoriamente ripartire da un risveglio intellettuale dal patetico torpore in cui siamo precipitati. Per prima cosa, da oggi smettiamo di dare per scontato il nostro benessere e prendiamo coscienza del fatto che quello che ci siamo abituati a considerare come benessere, in realtà è uno stato di anestesia costante e reiterata.

L'indifferenza del *prodottoconsumatore* per ciò che accade intorno all'utilizzo degli elementi vitali del pianeta ne è testimone. L'acqua, che veniva chiamata *Elemento Primo* dagli antichi Egizi, costituisce altresì il fondamento primo del *mondoristorante*.

Certamente ora non intonerò un pleonastico *Cantico delle Creature* enogastronomico che, attraverso l'inflazionato pretesto della celebrazione dell'acqua, si picchi di assurgere a banale manifesto di una inverosimile resistenza armata nei confronti delle truppe imperiali della multinazionale del latte in polvere. La verità, infatti, è che, con la complicità del sistema educativo e della cultura del benessere scontato con cui sono cresciuto, principalmente per mia colpa ho avuto il primo incontro filosoficamente consapevole con l'acqua solamente a ventisei anni, molto più tardi di quel che si dovrebbe. Una polmonite virale contratta nel nord dell'India mi aveva quasi ucciso, incenerendo buona parte del mio polmone destro. Scampato a un ormai certo funerale sul Gange per il rotto della cuffia, una volta rientrato in Italia e ridotto molto male, ma comunque sopravvissuto con le mie sole forze, fui sottoposto a una serie di controlli e cure di cosiddetto *follow up*. Ovvero, dato che in Uttar Pradesh non avevo potuto ricevere la canonica terapia antibiotica occidentale, gli uomini della Sanità nostrana mi imposero di ingurgitare quantità considerevoli di pillole elvetiche, legalizzandone l'esegesi farmacologica con la scusa del rischio di insorgenze batteriche postume. Ero già praticamente guarito e avrei avuto bisogno solo di aria buona e vitamine per rimettermi in sesto; mi ritrovai invece, tre settimane dopo, con i reni spappolati dai farmaci. Quando si vince una polmonite in Himalaya, il sistema immunitario, che ha fatto il suo maledetto dovere, ha solo bisogno di un meritatissimo riposo in riva al mare, non certo di essere coinvolto a tradimento in uno tsunami farmaco-chimico. Cosicché i miei reni avevano deciso di averne abbastanza. Ero fregato. Mi aspettava la dialisi. A ventisette anni.

Per fortuna però, oltre che sufficientemente intelligente, ero anche così sinceramente motivato a vivere che decisi di rigettare ogni ulteriore cura, distaccandomi per sempre dalla medicina asservita al *mondofarmaceutico*. Fu così che, dopo qualche settimana alla ricerca di una terapia che smettesse di uccidermi, mi ritrovai nello studio di un'omeopata di Pesaro, una di quelle che il sistema di controllo manderebbe serenamente al rogo, se non dovesse contemporaneamente sostenere la veridicità della propria facciata di rasserenante tolleranza democratica.

La mia insolita guaritrice si chiama Silvana Caccin e sembra un'elfa; minuta, con le guancette rosse e gli occhietti furbi: in pratica, la moglie di Babbo Natale. Mi osserva, mi palpa, mi fa domande con la sua voce insopportabilmente squillante, troppe.

"Cosa mangi? Quanto ne mangi? Che dentifricio usi? Che acqua bevi?".

Sono spossato, faccio fatica a reggermi in piedi. Reagisco, mi ribello.

"È solo un'anamnesi", mi rassicura lei.

La visita, se così si può chiamare senza correre il rischio di essere querelati da qualche ordine ufficiale, dura tutta la giornata. E infine, la diagnosi: "Il tuo corpo deve espellere le tossine prodotte dall'abuso dei farmaci. Ti darò un rimedio naturale, lo assumerai disciolto in acqua. Ma non un'acqua qualsiasi. Acqua Lauretana, la conosci?".

"No!" rispondo.

"Bene!", ribatte lei."Da domani, procurati quest'acqua, sciogli il rimedio in un litro che berrai a piccoli sorsi, durante la giornata. E inoltre bevi tanta Lauretana in purezza, altri due o tre litri ogni giorno; e mangia poco e naturale. Guarirai, e guarirai presto".

"Ma, scusi…", la interrompo, "un'altra acqua non va bene? Cioè, io compro un'acqua buonissima per casa, sa?".

L'elfa è perentoria, squillantissima: "Ho paura di no, caro… nell'intervista di oggi mi hai detto che bevi acqua Boario. Vedi, è un'acqua eccellente, ma per te, in questo momento, è veleno… sai, devi pulire i tuoi organi e, se vuoi guarire, bevi solo Lauretana".

Torno a casa.

Nella mia testa risuona l'eco di quella voce elfica, ripenso alla sequela di quelle che, per me, sono solo una montagna di favole: "Devi pulire i tuoi organi? Puoi bere solo Lauretana? Ma dico, non mi ha nemmeno raggirato prescrivendomi un qualche innocuo intruglio misterioso. Almeno, avrei beneficiato di un minimo di effetto placebo. Ciarlatana! Mi ha prescritto acqua, ma scherziamo? Acqua! Ora che ci penso meglio, chissà quante mazzette si prende codesta donnina, dalla Lauretana S.p.a., per raccontare queste menzogne ai poveri malati che non sanno più dove sbattere la testa; corrotta e pagata dall'industria dell'acqua!", impreco senza fine. "Certo, conosco i Vangeli Esseni che, in merito alle pratiche di guarigione, comandano l'utilizzo meramente idraulico dell'acqua di sorgente. E ho anche studiato tutte le tecniche himalayane di purificazione del corpo, basate sull'acqua, ma questa è una cosa seria, ho i reni in brandelli io!".

La verità, però, è che, nello stato in cui mi trovo, non ho scelta. "E allora facciamolo!", mi dico, "beviamola tutta quest'acqua; male non mi farà".

Per prima cosa, setaccio tutte le farmacie e i negozi alimentari di Parma alla ricerca di questa leggendaria Lauretana di Biella. E rimango a bocca aperta quando scopro che, nella mia città, solo in pochissimi ne hanno sentito parlare e che, soprattutto, non esiste un distributore/rivenditore ufficiale che possa procurarmela su due piedi. A questo punto, vado a fare visita al commerciante di acqua minerale che serve il nostro ristorante, il signor Baschieri.

"Vorrei poter ordinare l'acqua Lauretana", gli dico, "è possibile farla arrivare?".

"Mahhh...", risponde lui, "è un'acqua particolare quella lì, non la chiede mica nessuno. Come faccio a comprarne cento bancali, se poi non riesco a rivenderla?".

"Hai ragione. Facciamo così: tu diventa il rivenditore ufficiale e il quantitativo minimo necessario a non rimetterci te lo compro tutto io", prometto.

Affare fatto. Il distinto Cavalier Baschieri diventa il rivenditore ufficiale e, di colpo, mi ritrovo a dover acquistare talmente tanta Lauretana che viene da sé farla diventare l'acqua, oltre che della mia guarigione, anche del nostro ristorante.

È storia che nel giro di alcune settimane, vissute a base di quasi assoluto digiuno e di tanta Lauretana, recuperassi totalmente la mia salute e che i miei poveri reni, che le orde fameliche di camici bianchi avrebbero voluto dilettarsi a dializzare, tornassero come nuovi. Ma i particolari della mia miracolosa e sciamanica guarigione, che potrebbero peraltro urtare il ben pensare di molti, sono irrilevanti rispetto all'inestimabile cambiamento che questa serie di circostanze produsse incidentalmente nella mia vita professionale, ovvero la riforma radicale della filosofia legata alla proposta delle bevande nei miei ristoranti (oltre a vini e distillati, quindi, l'acqua e tutti i liquidi freddi e caldi che, con essa, si producono: tè, caffè, infusi eccetera). Fino alla mia malattia, infatti, non mi ero mai preso la briga, se non come sterile passatempo, di leggere, comprendere e dare applicazione all'etichetta di un'acqua minerale. All'improvviso, invece, mi resi conto che l'elfa non era affatto una mercenaria al soldo di qualche azienda, né una pazza. E che, oltre a diventare mero somministratore pubblico di un'acqua scelta per motivi completamente alieni a qualsiasi dinamica commerciale corrente, mi si stava presentando la preziosa occasione di esplorare un nuovo mondo che poi, spinto dalla vocazione di *resistente* alla propagazione della verità del proprio vissuto, avrei potuto condividere con ciascun ospite delle mie tavole.

Divengo così inappuntabile studioso delle acque di sorgente che, nel mio percorso professionale, assumono un'importanza non inferiore a quella che ho sempre attribuito al vino e ai distillati. Conosciamo più o meno tutti quanti, nel duemiladiciotto, la differenza tra un PH acido e uno basico. Sappiamo altresì cosa significhi, per un'acqua, avere un residuo fisso molto basso o molto alto, o una particolare conducibilità elettrica, eccetera. Ma fatichiamo certamente a stabilire quali tipologie di acqua siano idonee al benessere della salute di ciascuno. Siamo così diversi, nelle rispettive caratteristiche genetiche, oltre che nelle abitudini alimentari, che per ognuno esiste, seppur variabile in base al proprio contingente stato biochimico, un'acqua perfetta.

La Carta delle acque dei miei ristoranti (tra i primi in Italia a proporla, così come fu per la Carta degli oli di frantoio) era declinata, nelle iniziali versioni sperimentali, su basi elementari oltre che autoreferenziali, legate inevitabilmente ai limiti di conoscenza connessi al mio percorso di guarigione. La mia formazione tipo, infatti, era composta solo da acque selezionate in base al residuo fisso che, va da sé, doveva essere bassissimo: oltre alla Lauretana, infatti, proponevo non senza orgoglio, acqua minerale Plose e acqua minerale Amorosa.

Fu Nino Papani, maestro delle acque e del tè, a insegnarmi che ogni acqua, nella sua apparentemente omologabile trasparenza, cela invisibili e preziosissime energie specifiche preposte ad attivare, nell'organismo, la sublimazione di meccanismi molto più complessi e affascinanti rispetto a quelli che vengono correntemente attribuiti, dal *mondomedia*, alle proprietà delle acque minerali, come quella che ti fa fare tanta *plìn plìn*, o quella che è talmente leggera da indurre in crisi di panico una solitaria e abbandonata molecola di sodio.

Tutte le acque di sorgente, dunque, anche le più *dure*, o con residuo fisso altissimo, possiedono una specifica diversità di funzione taumaturgica in riferimento a una relativa corrispondenza organica. Proprio per questo, nella fase finale destinata alla somministrazione e deputata all'esercente, è giusto considerare il parere di coloro che considerino lezioso, quando non ai limiti della morbosità autoreferenziale, strutturare una lista delle acque ampia ed eterogenea come quella proposta nei miei locali; senza dubbio infatti, una carta sobria e adatta ai ritmi del ristorante moderno dovrebbe essere costruita seguendo parametri di classificazione e differenziazione per tipologie, delineate su poche scelte compendiose, con il doppio risultato di non rischiare la perdita di attenzione del cliente, laddove il tempo da dedicare alla lettura della lista sia sufficientemente breve, e di facilitarne l'orientamento nella scelta. Non si dimentichi mai però quanto, per taluni, trovare e poter ordinare la propria acqua *a cena fuori*, sia molto gratificante.

A ogni persona la sua acqua, dunque. Ma anche a ogni bevanda. E a ogni cibo.

Le acque imbottigliate, servite sul tavolo del nostro ristorante, devono essere senza compromessi anche le acque che il ristorante utilizza per preparare gli infusi, il tè e tutte le altre bevande e, soprattutto, che il ristorante deve utilizzare per tutti i tipi di panificazione (pane, focaccia, pizza, torte eccetera), nonché per la realizzazione della sfoglia e di tutte le ricette che prevedano l'**ingrediente acqua**.

Prima di tutto, in virtù del già accennato mix di sostanze attivanti disciolte nelle acque di sorgente e, poi, perché l'acqua del rubinetto non è, oggi, francamente utilizzabile. Bisogna accettare il fatto che l'acqua pubblica sia avvelenata da disinfettanti e additivi vari che arrugginiscono il sangue e non dimenticare il perpetrarsi di episodi di contaminazione e di *mescole* accidentali tra acque chiare e scure. I vari depuratori, addolcitori e moderni sistemi di pulimento non fanno altro che peggiorare la qualità dell'acqua corrente dato che, durante il processo di filtraggio degli elementi nocivi (comunque non di tutti, a livello molecolare), l'acqua *naturizzata* che ne deriva viene quasi completamente deprivata anche dei propri elementi vitali e della sua *dinamizzazione*. In pratica, dopo il processo di *naturizzazione*, rimane un liquido trasparente svuotato di cariche dinamiche, quindi morto. Il *naturizzatore* è come un antibiotico che uccide tutti i batteri, buoni e cattivi, lasciando terra bruciata. C'è da chiedersi se abbia senso realizzare una sfoglia con uova biologiche certificate o un pane con costose farine molite a pietra e ottenute da cereali biodinamici, mescolando tali ingredienti puri con acqua "potabile" velenosa. E immergere pasta o verdure in brodaglie clorose? A questa domanda si potrebbe rispondere con nuova domanda: ma è veramente così velenosa l'acqua pubblica? La risposta è sì, senza riserve. Il reato più grave commesso, a tal proposito, dalle istituzioni è rappresentato dai criteri e dai parametri di ricerca a essi connessi nello svolgimento delle analisi dell'acqua, che altro non è se non una truffa a tutti gli effetti. In parole povere, se io non voglio trovare una cosa, semplicemente non la vado a cercare. Nel 2006 ho personalmente coinvolto il titolare di un'azienda chimica di Parma, il Dottor Nicola Buratti, per eseguire un'analisi commissionata su una raccolta di semplice acqua pubblica, rispettando tutte le procedure di non contaminazione. I campioni sono stati consegnati all'Ordine dei chimici dell'Università di Parma a cui è stata da noi demandata la ricerca di diversi elementi non contemplati nei disciplinari istituzionali di analisi delle acque. L'analista si stupì delle mie richieste, considerato anche che i processi di individuazione di determinate sostanze, oltre a essere raramente richiesti, presentano anche una certa complessità di rilevamento.

Alla domanda: "Perché cerchi proprio questi elementi?", risposi semplicemente "perché sono convinto che ci siano".

Quando mi furono consegnati i risultati delle analisi dell'acqua di Parma, lo stupore degli analisti era quasi superiore al mio. Il referto infatti dichiarava la presenza di diverse anomalie tra le quali una, eclatante, riguardo al Bario (Ba): *il metodo di analisi per assorbimento atomico utilizzato ha consentito di avere un valore preciso quantitativo, pari a 0,245 mg/l (0,245 ppm). Il limite massimo consentito alla presenza di Bario nelle acque potabili è di 0,001 mg/l (0,001 ppm 1 ppb) secondo il DM 31/05/201- Decreto 542/92.*

Il che significa che, nell'acqua potabile che ci dicono di bere tranquillamente perché salutare come, se non più, dell'acqua minerale, può essere riscontrato, su un campione casuale, un livello di Bario radioattivo 245 volte superiore ai limiti consentiti; in pratica, ogni bicchiere d'acqua che ti bevi è più cancerogeno delle sigarette. Il laboratorio evidenziò che l'anomalia derivata dal test poteva essere attribuita alla formazione di micro-polveri legate a un intenso traffico aereo.

"Ma come? Nei cieli di Parma transitano sì e no due biplani al giorno", pensai. Mi spiegarono che, a causa dei venti, le perturbazioni atmosferiche possono, in un determinato momento, raccogliere Bario e altre polveri e, in seguito, scaricarlo altrove, anche a migliaia di chilometri di distanza. Ma allora, perché i valori registrati nei paraggi di aeroporti internazionali sono risultati addirittura inferiori?

Si potrebbe anche contestare che l'acqua potabile viene estratta e potabilizzata prima di essere emessa negli acquedotti ma non è chiaro in che misura i potabilizzatori odierni siano in grado di purificare l'acqua radioattiva, anzi per quel che ci risulta esistono esclusivamente progetti sperimentali in merito. In secondo luogo, se i terreni sono intrisi di strati di Bario e polveri presenti in quantità enormemente superiori a 0,245 mg/l, in virtù di un ipotetico processo di deposito cumulativo, è facilmente ipotizzabile che l'acqua debba attraversare uno spessore di terra ricco di elementi nocivi stratificati, prima di essere prelevata dai potabilizzatori, una volta riorganizzatasi in percorsi e contenitori naturali, o artificiali, idonei all'estrazione. Le analisi dell'acqua potabile del comune di Parma pubblicate dal fornitore (Iren) non dichiarano i valori relativi a eventuali elementi radioattivi, né a micro-polveri. Questo perché, semplicemente, tali voci non sono presenti nelle schede di analisi fornite dal servizio idrico. La tendenza all'incoraggiamento mediatico a bere l'acqua del proprio rubinetto ha fatto registrare una recente intensificazione; anche l'incremento di malattie collegate al malfunzionamento dell'apparato digerente e del sistema immunitario sono aumentate. E se c'è un vantaggio ad avere tanta gente ammalata, questo è sicuramente a favore di chi produce farmaci, oltre che, naturalmente, degli organi preposti alla somministrazione delle cure. Gridano allo scandalo quando trovano un po' di arsenico o qualche bacillo di merda umana nell'acqua del rubinetto, ma che tu ti stia riempiendo di quantità gargantuesche di polveri radioattive, non te lo diranno mai. E se credessimo ai complottisti e alle scie chimiche?

Se ci convincessimo che l'autoritariato delle multinazionali, col favoreggiamento dell'asservita Nato, perpetri un'attività di costante irrorazione dell'aria, spruzzandoci sulla testa miscele di polveri pesanti, virus, batteri eccetera che mantengano la massa dei prodotticonsumatori in un reiterato stato di leggera malattia, non esiziale certo, ma sufficiente a dover ricorrere per tutta la vita all'uso di farmaci multiformi, sempre nuovi, all'avanguardia (perché così sono anche le malattie e i molteplici disturbi che ogni mese irrompono sul "mercato") e immessi a tonnellate sul florido mercato farmaceutico?

In quanto preziosissimi *prodotticonsumatori* ammaestrati a dare massima fiducia al sistema, ci autocensureremmo per ristabilire le dinamiche rassicuranti del degustatore notturno di Haut Brion, isolando e additando i complottisti.

E allora, per il bene nostro e della nostra Santa Chiesa, è cosa buona e giusta rigettare queste teorie: per garantirci la tranquillità saremmo pronti a giurare che i reticolati tra le nuvole sono solo vapore acqueo, le sorgenti sono cristalline e incontaminate, nel mare non c'è plastica e l'acqua del rubinetto è digestiva. Ma la realtà non cambia: dato che noi mortali non sapremo mai cosa accada in cielo, che almeno si faccia qualcosa per ciò che sta in terra. Ma cosa poter mai fare dato che l'uomo ipersocial langue imperturbabile, mentre avvenimenti gravissimi scorrono

inosservati lungo il corso di un tranquillo processo di rim-
bambimento senza precedenti?

Nonostante si scriva (e distrattamente si legga) che
abbiamo cominciato a intaccare anche le sorgenti di montagna, queste notizie non producono alcuna reazione si-
gnificativa, come per le guerre, i mari inquinati, eccetera.

Si scrive che anche l'acqua che scorre nella roccia, da cui
integra gli elementi che la rendono minerale, è minacciata
dall'incremento dell'inquinamento atmosferico incontenibile. Molte acque minerali cominciano a perdere le proprie credenziali organolettiche nella misura in cui i test
analitici riscontrano sempre maggiori percentuali di elementi velenosi e cancerogeni. È perciò logico che le multinazionali del *mondoristorante* vogliano accaparrarsi le sorgenti ancora incontaminate, privatizzandole. In tutta one-
stà, se fossi al loro posto, cercherei di agire allo stesso
modo.

E noi, proto-specie dei post-umani, siamo così ignari
che, nel momento in cui non ci sarà più acqua libera, fare-
mo spallucce e diremo: "Va beh, dai, bevo Coca Cola, chi
se ne frega…".

E quando vorremo acqua pura di sorgente, dovremo
pagarla al prezzo stabilito dal monopolio *mondonestlè*:
cara, carissima: il prezzo aumenterà gradualmente, come
già accade in diverse parti del mondo, in cui una botti-
glietta d'acqua minerale costa dieci volte tanto una Sprite.

L'uomo *resistente* del *mondoristorante* è obbligato a divulgare tutte le informazioni di cui dispone nell'esercizio
della propria semplice quotidianità lavorativa. Perché
non approfittare in modo virtuoso del potentissimo contenitore mediatico di cui la ristorazione dispone, per istruire i clienti?

Il messaggio sarebbe diretto e non filtrato, perciò molto
efficace, in quanto scaturente da un universo riconosciuto.

La risposta è che il ristoratore/negoziante/barista medio è pigro, ignorante e codardo e subisce, come tale, la consolidata dinamica commerciale legata alla necessità indotta di sentirsi parte del sistema di glorificazione globale o, in alternativa, di valutare sempre e comunque gli articoli con il prezzo più basso. Come funziona quindi? Quali sono dunque i meccanismi in virtù di cui troverò molto più spesso un dato marchio di acqua rispetto ad altri sul tavolo del ristorante, a prescindere dalla relativa qualità intrinseca?

Molte sorgenti di acqua minerale sono già controllate dalle multinazionali (*mondonestlè*) o da grandi *joint venture* industriali. Per esempio, il gruppo Panna/San pellegrino imperversa nei ristoranti stellati. Sono pochi i ristoratori indipendenti che scelgono etichette alternative. Il ristoratore **consapevolmente** asservito è rappresentato da una piccola élite formata da Chef il cui valore mediatico è equiparabile a un *Brand*. In pratica è sponsorizzato da un marchio che finge di avere selezionato con ponderazione, ma in realtà non è che un banale *testimonial* redazionale. Accade così che un ristorante tristellato venga eletto *Migliore ristorante al mondo* all'interno di una credibilissima classifica annuale in cui figurano solo grandi ristoranti stellati, guidati perlopiù da famosi Chef mediatici. Tale classifica è plausibile e potrebbe non essere dissimile da una graduatoria parallela stilata, ad esempio, dai migliori critici gastronomici indipendenti.

Il messaggio che passa attraverso i media mondiali infatti è, per esempio: *Bottura eletto miglior chef del mondo* oppure *È la Francescana di Modena il migliore ristorante al mondo*! Questi sono i titoli. Poi, se ci si addentra nei sapientemente governati articoli redazionali che ne seguono, si riscontrano solo trascurabili e ben occultati accenni su chi sia l'organo giudicante di questa classifica. La capacità di giudizio del *prodottoconsumatore* viene così abilmente aggirata in quanto questi, distratto dai contenuti celebrativi degli articoli su cui viene interamente attirata la sua attenzione, dimentica di farsi la domanda: miglior ristorante del mondo, ma secondo chi?

La risposta è semplice: secondo Acqua Panna. Il messaggio viene filtrato e manipolato così bene che nessuno vedrà scritto a caratteri cubitali, su qualsivoglia organo di stampa, che il gruppo Panna/Sanpellegrino fa la sua classifica mondiale dei migliori ristoranti (i quali, se andiamo a controllare, sono tutti *testimonial* di un marchio di acqua, caffè o brand connessi), così come nessuno farà caso al fatto che, nelle stesse manifestazioni in cui vengono promossi i cosiddetti *Presidi*, negli uffici o presso gli stand di Slow Food, sia immancabile la presenza delle due acque minerali controllate dalla Nestlè che, in teoria, dovrebbe costituire l'antitesi filosofica a Slow Food stesso.

L'obiettivo, in realtà, è che il *prodottoconsumatore* non si ponga queste domande. Però il messaggio occulto che raggiunge il centro di controllo del cervello è che i migliori cento ristoranti del mondo, guarda caso, usano acqua Panna naturale, San Pellegrino frizzante, caffè Lavazza eccetera: gruppi di marchi che appaiono sistematicamente accostati nel modo giusto, al momento giusto, per stimolare le associazioni mentali automatiche che inducono nel *prodottoconsumatore* la convinzione che quelli siano i prodotti migliori e che tale convinzione sia generata da una propria scelta autonoma.

***

"Il mondo della ristorazione è infatti governato dalle multinazionali del cibo, che di fatto mette i ristoranti stellati in una vera e propria posizione di sudditanza.

Se solo ci si addentra in questo settore, infatti, è facile ed agevole ad un utente accorto riscontrare come determinati marchi siano onnipresenti e ciò non per una questione di qualità, che può anche esserci, ma solo ed esclusivamente per giochi di potere.

Di fatto si assiste ad una vera e propria omologazione allo stato puro.

Il cuoco stellato è oramai una vera e propria Star, paragonabile ad una Star del cinema, che viene ingaggiato come testimonial per determinati prodotti. Il ristorante riceve la sponsorizzazione e ne diventa promotore.

I piccoli ristoranti, a loro volta, acquisteranno i prodotti sponsorizzati dal cuoco stellato, senza la scontistica e si auto omologheranno". (Intervista di Isabella Grassi, *"Recensioni Librarie in libertà"*, 11 Marzo 2018)

***

Da questo livello in giù, il meccanismo si riproduce automaticamente, sia sul ristoratore asservito al sistema (che certo non si è mai chiesto, in vita sua, quali siano le migliori acque da abbinare al proprio *menu*, anche come valorizzazione di una scelta indipendente) che sul consumatore finale il quale, di domande, proprio non se ne pone tout court. Il ristoratore medio quindi compra Panna e San Pellegrino per il semplice motivo che fa figo. Nel novanta per cento dei casi si tratta di una pedissequa scelta di immagine e il meccanismo a essa sotteso è il medesimo che alimenta il mega-contenitore glorificante descritto nel capitolo "Media e Social": valorizzo il mio ristorante affidandomi a prodotti *sicuri*, mediaticamente suffragati e motivati dal contenitore totalitario di qualità percepita auto-glorificante e scevra di interposizioni. Anche in questo caso, dunque, il flusso di rientro monetizzato risale ad alimentare il colosso, il quale fa *All-in* vincendo tutto il piatto: l'esercente e il consumatore finale, oltre a prestare manovalanza gratuita al servizio dell'immagine del colosso, ne acquistano anche il prodotto massificato.

Il compito etico del ristoratore *resistente* è diventare feroce iconoclasta di questa idolatria indotta.

Il vero problema però sta nel fatto che, se questi elementari meccanismi di marketing funzionano in modo così perfetto, è perché il *mondoristorante*, nella moltitudine dei suoi elementi ai vari eterogenei livelli, è terreno fertile e colpevolmente lassista. E fa anche di peggio: alle multinazionali non interessa nulla della Qualità, se non in quanto studio del Percepito, dato che hanno come scopo unico fare soldi, perciò escogitano il modo per auto-assegnarsi licenze truffaldine che permettano loro di dichiarare i propri prodotti come artigianali, regionali, fatti come una volta, eccetera.

Il ristoratore/barista, medio piccolo imprenditore, invece, deve perlopiù preoccuparsi delle bollette, dell'affitto, del versamento dei contributi ai dipendenti, delle malattie dei dipendenti, dei furti dei dipendenti, dell'inefficienza dei dipendenti, delle norme di sicurezza, degli orari di chiusura, delle scorribande dell'Agenzia delle Entrate, dei contratti telefonici, della S.i.a.e, della RAI, delle tasse, delle incursioni armate dell'USL, dei bombardamenti dell'Ufficio del lavoro, dello strozzinaggio bancario e tutto il resto.

Alla fine di ciò, quando sarebbe il momento di organizzare il proprio schieramento *resistente*, egli non ha più energia a disposizione, declinando ulteriori oneri al di fuori del cerchio della lotta per la sopravvivenza e, dunque, superflui. Quindi, se da una parte detto atteggiamento è pienamente comprensibile, dall'altra è lecito stimolare il ristoratore a un esame di coscienza in merito alla scelta del proprio mestiere. Si può pretendere un infuso o un tè non preparato con l'acqua delle macchine del caffè, molto nocive per l'organismo?

Si può pretendere, in un bar, un tè infuso in acqua minerale tolta dal fuoco nel momento perfetto dell'*acqua bambina*?

La risposta, per zero o per cinque euro, non importa, è sì: si deve pretendere. E non è forse giusto inorridire quando un *Tre Stelle Michelin* ti serve un Twinings in bustina a fine pasto? Non è migliore di costoro, poi, chi acquista prodotti di altissimo pregio, come i grandi tè cinesi o gli infusi biodinamici offerti nei cataloghi di lusso dedicati all'alta ristorazione, pur non essendo interessato a come debba esserne svolta la corretta preparazione; nella migliore delle ipotesi, si verifica un consumo, per non dire spreco, di beni il cui indice di valore di utilizzo sarebbe più alto se si aprissero le confezioni di prodotti di scarsissima qualità.

Il povero ristoratore, che sia preoccupato dai debiti, o che lo sia dall'imminente acquisto di una nuova auto di lusso, a queste condizioni, rimane comunque un povero ristoratore. Un povero diavolo, la cui vita scorre con la sola funzione di nutrire il sistema, verso la propria triste fine. Per impadronirsi della propria esistenza, egli deve diventare *resistente*, tornare a fare il divulgatore virtuoso e diventare un sabotatore segreto. A cominciare dalla scelta dell'acqua, dell'olio e del caffè.

Capitolo quarto
Caffè

Il viaggio del giorno: Indian Mysore, *ecchevvelodi-coaffare?*

Immaginate ora una locomotiva a vapore: una Puffing Billy di inizio Ottocento. Immaginate di vederla passare e fermarsi, tirata a lucido e perfettamente funzionante davanti ai vostri occhi.

Siete in attesa di salire sul treno. Sul portale della stazione da cui partirete per il vostro viaggio si trova scritto *Al tempo la sua arte. All'arte la sua libertà*. Ecco, si apre il portello. Il comandante si affaccia brevemente con il braccio alzato e vi invita a salire: "Su, forza, in carrozza! Muovetevi, *ecchevvelodicoaffare!*".

Cercherete di affrettarvi allora a raggiungere il vagone, seppur con impaccio perché gravati dai voluminosi bagagli con tutto il vostro occorrente. Il comandante Frasi vi fermerà allora sulla soglia del vagone, indicando le vostre valigie: "Queste non ti servono – dirà – per questo viaggio lascia tutto a terra, la tua conoscenza in *primis*".

Siete ora comodamente seduti in carrozza, leggeri. La caldaia della Puffing Billy sta ardendo di fiamma viva. Sulla caldaia della locomotiva potete vedere inciso il motto *Gli uomini devono essere come il caffè: forti, buoni e caldi*.

"Dove ci stai portando, comandante?" chiede qualcuno.

"Vi sto portando in viaggio attraverso la tostatura compiuta. Essa soltanto può trasformare l'osso secco morto che è il chicco verde, con l'utilizzo del fuoco, in un'altra cosa da se stesso, consentendo di manifestare, se è tostato in maniera compiuta, tutte le caratteristiche che lo rendono se stesso."

India: prima fermata. "L'Arabica d'altura, dalla selezione dei migliori grani di *Mysore Plantation A*. A 1300 metri di altitudine, piccoli produttori coltivano, raccolgono e scelgono a mano questo caffè lavato di rara perfezione. In tazza è intenso e cremoso. Profuma di frutta e incenso. Il primo impatto è strano, dolce e fragrante di spezie. La persistente sensazione che lascia in bocca è inesprimibile. *Ecchevvelodicoaffare!*".

Bon Voyage!

***

Parlerò di *caffè & sigarette* perché, seppur non esistano due mondi così separati (Gianni Frasi direbbe che l'unica cosa che li accomuna è l'abisso che li separa), essi rappresentano un binomio radicato, uno *status quo*. Penso al dialogo tra Tom Waits e Iggy Pop nel capolavoro di Jim Jarmush *(dai bevi un caffè, fuma una sigaretta!)* o alla frase che sento ripetere intorno a me decine di volte al giorno: *prendo un caffè, così poi mi fumo una sigaretta*. Due mondi al cui significante originario comune, oggi estinto (bevanda mistica destinata agli asceti il caffè, pianta sacra riservata agli sciamani il tabacco) è sopravvissuta solo un'eco di meri automatismi gestuali che ne rinnovano vacuamente gli antichi rituali. Questa congiunzione socio-culturale alimenta oggi la diade per eccellenza dei mercati più prosperi al mondo.

Sigarette

Io, da perfetto gentleman giurassico, nonché incallito nostalgico delle *chambres fumeurs* e dei *café litteraires*, bevo almeno otto caffè espressi e fumo più di venti sigarette ogni giorno e, se nel mio rapporto col tabacco posso definirmi incorruttibilmente fedele (dato che, in mancanza delle mie sigarette, ho sempre resistito eroicamente alla tentazione di fumare un'altra marca) ammetto, al contrario, una licenziosa attitudine all'onnivorismo indiscriminato nella mia infedele relazione col caffè. La differenza sostanziale tra i rispettivi atteggiamenti è dovuta, con mia parziale discolpa, a una causa esogena. Nelle rare e inopinate occasioni in cui mi è follemente accaduto di finire la mia scorta di sigarette perché sorpreso dalla notte o da errori di calcolo commessi alla partenza per viaggi in terra straniera, mi sono sempre lasciato sbrindellare dall'astinenza piuttosto che piegarmi a un'ordinaria Marlboro qualsiasi, sopravvivendo fino a che l'agognato mattino, o il tornare a casa, non mi avessero ricongiunto col mio amato pacchetto di Kent. Già, perfino il *mondotabacco* si fonda sulle dinamiche dei *mondicommerce* più (apparentemente) *morali*. Se il *mondotabacco* non vende certo *prodottiimbroglio* ma veleno dichiarato alla luce del sole, le marche non inglobate subiscono comunque il boicottaggio in favore dei colossi: non troverai mai le Kent in un distributore automatico in Italia e, per trovarle in tabaccheria, le devi ordinare espressamente al tuo tabaccaio di fiducia.

Nelle epoche precedenti, una gran varietà di marche trionfava sulle mensole delle tabaccherie; per esempio le biondissime Winfield o le tostatissime Memphis, successivamente e inspiegabilmente bandite dalle varie regolamentazioni comunitarie. Oggi invece, anche nell'avvelenarsi, non si gode più di alcuna libertà e si è costretti a pescare dal contenitore monopolizzante delle multinazionali vincitrici sul territorio europeo. E va da sé che, anche nel moralmente deprecabile consumo legato al *mondotabacco*, si è assistito a un appiattimento preoccupante del gusto. I fumatori colti, rassicuranti paradigmi di una certa forma di civiltà, non esistono più. Oggi il tabagista, scevro di qualsiasi spirito critico in merito al tabacco, fuma con lo stesso deturpante automatismo con cui acquista qualsiasi altro prodotto di consumo.

Ritenendomi fumatore critico e consapevole, ho dovuto faticosamente ammaestrare cinque o sei gestori di tabaccherie (situate in punti strategici ed equidistanti) ufficializzandole in seguito come fornitori d'elezione, per essere certo di poter accedere al prodotto Kent in qualsiasi giorno della settimana e ovunque mi trovi, più o meno a qualsiasi ora. Quando però mi capita di essere costretto ad affidarmi a una tabaccheria fuori città, i cui titolari non abbiano mai sentito nominare le Kent, mi ritrovo a dover vivere momenti di insostenibile astinenza. Io penso che il tabaccaio, anche se fa solo il tabaccaio, abbia il dovere di fare il proprio mestiere con amore e Qualità. Penso che anche il tabaccaio abbia il dovere di essere un divulgatore *resistente*, seppure di veleni. La sua licenza privilegiata però, nella maggior parte dei casi, è assimilabile a quella di un livellato farmacista dispensatore di omologazione. Il tabaccaio medio è rassegnato all'idea di vendere, nel migliore dei casi, prodotti di puro intrattenimento (oltretutto nocivi). Dato ciò, tutte le tabaccherie vendono la stessa tipologia di sigarette, le stesse marche, addirittura disposte nello stesso ordine nei raccoglitori, secondo precisi schemi dettati dalle indagini di mercato e imposti ai rivenditori, schiavizzati dagli agenti delle case produttrici.

Camel a destra in basso, Winston in alto a sinistra, eccetera. Nonostante la mia rassegnazione riguardo all'inoppugnabilità di questo modello aberrante, un'incontenibile spinta interiore, unita alla speranza che al tabaccaio in questione, di norma privo di Kent, sia magari avanzata in magazzino una stecca impolverata di HB sfuggita ai resi e dimenticata lì dagli anni novanta, mi spinge ogni volta a provocare con sarcasmo il negoziante asservito: "Ah, non ha le Kent...", chiedo.

"No!", mi guarda male lui. "È un problema sa...".

Lui non risponde, mi fissa allibito. A questo punto, spesso comincio a parlare tra me e me, assicurandomi che il volume dei miei lamenti sia sufficientemente alto da non poter essere ignorato. "E io, adesso cosa fumo?". Faccio il farabutto: "Le Winfield non le ha, vero?".

"No, non esistono più le Winfield!", precisa lui, rude.

È la prassi: il tabaccaio comincia a innervosirsi giacché la cessione del bene sigaretta dovrebbe declinarsi mediamente, in allineamento con i parametri mondiali di tempistica di vendita riferita al prodotto, in quindici secondi circa, pagamento compreso.

Un reciproco "grazie, buonasera" pronunciato quando il cliente ha già imboccato l'uscita, ed è tutto. Io, invece, gli sto facendo perdere tempo. E vendite. Si crea fila dietro di me.

"Senta", continuo io, "ma... non so, non ha qualche tipo di sigaretta nepalese? Le Nepali! Se le ricorda le Nepali? Aromatiche... buonissime".

Il tabaccaio accenna un sorriso isterico, è molto indeciso se ritenermi un semplice rompiscatole o un cretino di passaggio. I clienti in attesa alle mie spalle si spazientiscono velocemente, iniziano a lanciarmi occhiate minacciose, sbuffano. "Senta, allora, mi consigli lei, vorrei una sigaretta dolce e aromatica, i toni amari non mi piacciono perciò, insomma, mi aiuti".

"Provi le Camel arancioni" cerca di essere spiccio e deciso, il tabaccaio, in perfetto stile cassiere. Ammicca pure, seppur tradendo un filo di apprensione, ai clienti in attesa.

"Eh no, scusi eh, le chiedo una sigaretta dolce e lei mi propone le Camel? Guardi che lo so che le arancioni sono più morbide delle altre Camel, ma cosa crede che non le abbia già provate? Insomma... suvvia, si sforzi un po' di più. Mi proponga qualcosa di originale, di nicchia. Ecco! Non ce l'ha una marca di nicchia? Non so una fabbrica di tabacco biologico, qualcosa così, non quelle degli indiani però, eh!".

Quasi sempre, a questo punto, il tabaccaio perde completamente le staffe e sentenzia: "Guardi non so cosa dirle, io non posso aiutarla, avanti un altro!".

Mentre si leva un applauso virtuale da parte degli zombie tutti in fila, me ne vado stizzitissimo rimproverando il tabaccaio ad alta voce: "Lei non fa bene il suo mestiere sa! È per colpa di gente come lei che il mondo è ridotto così, si vergogni".

In rari casi, invece, mi capita la tabaccaia donna, di mezza età, gravata da sindrome materna e tristemente fossilizzata nella contemplazione del senso di colpa che da anni la pervade, in quanto consapevole di fare un mestiere votato al totale disamore, tutto il giorno tra sogni di carta, lotterie e veleno omologato. La tabaccaia mamma, detto ciò, si impegna di più e, spesso totalmente incurante della coda da me cagionata o del fatto che addirittura qualcuno la abbandoni, sbattendo la porta mentre se ne va infuriato, pur di non lasciarmi andare via deluso, tenta in tutti i modi di convertirmi a buone sigarette che, lei garantisce, valgono quanto le Kent: dalle Multifilter alle JPS eccetera. Fino a quando, entrambi spossati e io preso da un sincero senso di tenerezza, non la ringrazio sentitamente per la gentilezza e, congedandomi senza acquisti sotto braccio, le lancio un bacio con la mano, rassicurandola: "Peccato, sarà per la prossima volta".

In Italia, comunque, nonostante le mie richieste, talvolta intimidatorie, di equipaggiare con le Kent i distributori automatici, siano sistematicamente respinte, anche quando suffragate dal mio solenne giuramento di acquistare tutto il prodotto con l'assiduità di dieci persone ogni giorno, con un po' di sforzo alla fine si riesce a far ragionare i tabaccai. In Spagna o in Francia, invece, non sanno nemmeno se esistano le Kent, "questi bifolchi assoggettati al sistema che abbiamo civilizzato duemila anni fa e ancora non hanno imparato a usare il *bidet*" sbotto ogni volta.

Ricordo una coda chilometrica che avevo causato in una tabaccheria di Santander: i due anziani gestori, marito e moglie, avevano aperto una sorta di botola sul soffitto, alla ricerca di qualche vecchia stecca da collezione e pacchetti sfusi, smistando sul bancone tutto ciò che erano riusciti a recuperare e implorandomi affinché trovassi là in mezzo almeno un pacchetto di sigarette di mio gradimento da portarmi via. E io lì a spiegargli, con un lodevolmente riprodotto accento asturiano: "Ma no, dolci! Le Kent sono le vecchie Barclay, ve le ricordate? Non le avete mai avute qui? Vorrei sigarette dolci, come quelle".

"Barclay Señor?" più che sopraffatto.

"Ma sì! Le Barclay, non le ricordate?".

Le vecchie, mitiche e compiante Barclay dall'aroma dolce, aromatico e soave, un bel giorno, scomparvero dal mercato. A quel punto cominciò a scomparire anche il fumo dai ristoranti. Furono sostituite da un pacchetto ibrido che, per un certo tempo, si chiamò Kent-Barclay. Contemporaneamente, nei ristoranti venne introdotto l'obbligo delle sale *non fumatori*. Poi il nome Barclay sparì definitivamente e si chiamarono solo Kent. A quel punto la legge sul fumo nei locali diventò esecutiva. Il gusto è cambiato al punto da non essere nemmeno accettabilmente simile alla miscela originale. E ciò, dato che come dicevo, sono pienamente incorruttibile a riguardo, mi costrinse, non senza enorme fatica, a modificare la mia percezione del gusto, sviluppando un forte senso d'immaginazione, per adattarmi alla Kent. Al contempo, i fumatori educati e morigerati, vedendosi negata la possibilità di una camera per fumo e conversazione *after dinner* all'interno dei locali, dovettero adattarsi a fumare all'esterno dei ristoranti, impalati al freddo e al gelo.

Un'estate, partito per una vacanza in Valle d'Aosta, avevo dimenticato di infilare la solita stecca in valigia e stavo dunque centellinando il mio unico pacchetto di Kent, setacciando, nel frattempo, tutte le tabaccherie della Val d'Ayas alla ricerca di un virtuoso venditore di fumo. Mi imbatto così in un piccolo negozietto di *Sali, Tabacchi e Commestibili* a Champoluc. Niente Kent, ovviamente.

Allora comincio, come sempre, con la solita tiritera sui gusti e sulle alternative. Il rivenditore è un bel montanaro simpatico, un fumatore colto, lo capisco subito perché, facilitati dal fatto che non ci sia un'anima in giro, si mette a chiacchierare di sigarette, di tabacco, di pipe e di sigari. A un certo punto gli si illuminano gli occhi, come se gli fosse tornata in mente una cosa importantissima. Mi fa: "Aspetti un momento! Mi aspetti qui, non si muova".

Corre nel retro bottega e se ne esce dopo cinque minuti con una vecchia stecca impolverata di Barclay originali, già fuori mercato da quattro o cinque anni.

"Questa non me l'hanno mai ritirata! A volte mi capita di tenerle lì, per ricordo, queste robe".

Non credo ai miei occhi. Mi elettrizzo, vengo colto da un entusiasmo incontenibile. Perdo letteralmente il senno e comincio a riempire di complimenti il tabaccaio, gli urlo che il caso non esiste, che quelle sigarette aspettavano me da chissà quanto tempo, che lui è il mio sciamano. Lo bacio, lo abbraccio, insisto perché si scriva il mio numero di telefono, lo invito a Parma, a casa mia, promettendogli fantasmagoriche ricompense per la gioia che mi ha dato. Mentre ancora lui se la ride, esco in mezzo all'aria cristallina della montagna. Respiro a pieni polmoni la frizzante purezza in cui sono immerso. Mi guardo intorno e scelgo la panchina migliore, dove non sia seduto nessuno. La conquisto, eccitato. Che nessuno, ora, osi disturbarmi! Scarto il pacchetto con la stessa mano emozionata che, quando ero piccolo, apriva le bustine delle figurine.

Quando mi appare la cartina interna delle Barclay, rilucente, una pioggia di endorfine si riversa estaticamente in me. Estraggo la sigaretta col filtro zigrinato e, religiosamente, mi metto a fumare. È vecchia e, pur essendo ben incartata, si è asciugata perdendo gran parte del suo aroma, ma non importa: trasformo ogni tiro in una respirazione della memoria, in un mantra che pian piano mi fa ricomparire in bocca e nel naso, uno a uno, tutti gli aromi della vera Barclay. Un puzzle che si riforma pezzo per pezzo; dove la Barclay difetta, la mia fantasia compensa. Il gusto ora è completo e sono in estasi. L'incorruttibilità regala gioie ineguagliabili, ma la mia incapacità di essere fedele, come per le sigarette, a una sola marca di caffè, come dicevo, è indipendente dalla mia volontà.

Infatti le caffetterie, i bar, le torrefazioni e i ristoranti non offrono al *prodottoconsumatore*, se non in rari casi, una lista diversificata di questa bevanda inebriante - servita generalmente in versione espresso - privandolo, dunque, della possibilità di scelta. Questo non significa che gli intenditori rinuncino alle proprie affezioni e ideologie in merito, ma fa sì che la procedura mentale corrente, in virtù della quale si ordina caffè al bar o al ristorante, sia, di fatto, inversa, come per l'acqua minerale, rispetto a quella che sottende alla scelta di qualsiasi altro liquido somministrato all'interno del *mondoristorante*.

Per esempio, al ristorante, si ordina, di norma, prima il cibo e poi si sceglie un vino da abbinare. Qualora si ordini il vino prima dei piatti, è perché il cliente accarezza a priori l'idea di un'etichetta che sarà subito cercata nella lista. La medesima dinamica di determinazione della scelta è riferibile alla totalità delle restanti categorie di liquidi disponibili nei luoghi di ristoro: dalla birra ai cocktails, poi succhi di frutta, smoothies, estratti e analcolici in genere, gli amari, i tonici e i rinfrescanti, e infine i distillati. Perfino nel settore degli infusi e dei tè le opzioni sottoposte al cliente, seppur frequentemente viziate da inutili ridondanze e/o selezioni desolatamente scombinate, sono numerose ed eterogenee. Il caffè è uno, sempre e comunque. Infatti, sia presso i negozi di torrefazione che propongono diverse miscele, per caratterizzazione percentuale o geografica, sia presso i punti vendita delle catene specializzate che si piccano di offrire una vasta varietà di tipologie, il caffè, in realtà, è sempre uno e uno solo, giacché varietà diverse corrispondono a uno stesso tipo di tostatura e diversi gradi di tostatura corrispondono comunque alla mano dello stesso tostatore. Va da sé, in conseguenza, che i vari bar, ristoranti, alberghi eccetera, adottino un solo tipo di caffè, diventando a tutti gli effetti, nel settore specifico, un fornitore monomarca, per motivi soprattutto pratici: una vera macchina del caffè espresso è molto ingombrante; il numero di macinatori ipoteticamente necessari a garantire più di una proposta dovrebbe essere direttamente proporzionale alla quantità stessa delle proposte. Il caffè va consumato in fretta, fresco di tostatura e non può dunque essere stoccato in quantità superiori alle consolidate previsioni di uso quotidiano che, eventualmente diversificato, premierebbe alcune tipologie, penalizzandone altre, causando quindi una perdita economica per l'esercente. Infine, le diverse regolazioni di macinatura, da modularsi a seconda di umidità, tipo di caffè eccetera, nel caso di una multi-offerta, costringerebbero l'esercente a destinare una quantità incongrua del proprio tempo, quando non addirittura a dedicare un addetto esclusivo, a tali certosine operazioni di calibratura.

Pare dunque appropriato che l'esercente, fornitore specifico di caffè espresso, scelga di somministrare una sola e unica marca di caffè. È a questo punto, però, che il fruitore si ritrova nell'insolita dinamica inversa di scelta che ho premesso. L'accettazione acritica del fatto che l'esercizio pubblico fornisca una sola marca di caffè diviene convenzione e il fruitore modello che, in un dato momento, assume come norma di scegliere un vino o un cocktail, sapendo bene a priori di avere voglia di un vino bianco piuttosto che rosso, o di un Negroni piuttosto che di un Americano, al momento del caffè invece, che sia un espresso in piedi al bar o il corroborante fine pasto del ristorante, sa solo di avere voglia di un caffè. Il fruitore modello probabilmente non si chiederà, per l'appunto, se stia desiderando un caffè sapido piuttosto che grasso o aromatico piuttosto che cremoso, quindi ordinerà semplicemente un caffè che, perlopiù ampiamente addizionato di zucchero, verrà normalmente ingurgitato in un sol colpo.

Conclusosi tale atto convenzionale, pochi mettono in funzione la capacità reattiva che preveda una riflessione a posteriori, non tanto sulla reale qualità del prodotto, ma sul perché questo prodotto sia stato adottato dal somministrante e, in seguito, servito loro. Pochissimi approfondiscono l'esperienza a livello interattivo, così da chiedere il nome della marca del caffè e relative informazioni organolettiche, di provenienza e produzione.

Il cliente, dunque, a causa della dinamica inversa, tende ad approcciarsi al mondo del caffè espresso, come spesso a quello dell'acqua, con una predisposizione di adattato disinteresse, molto simile a una sorta di rassegnazione inconsapevole.

A questo punto serve che l'esercente, presunto innocente poiché complice incolpevole di tale dinamica inversamente induttiva, salga in cattedra e onori il proprio mestiere. Se il caffè è uno e il fruitore modello, *prodottoconsumatore*, già mediamente passivo, approccia da qualunquista il momento del caffè di fine pasto piuttosto che di *inizio brunch*, diventa palese che all'esercente di *mondoristorante*, si configuri l'occasione più favorevole, quasi unica nel proprio mestiere, di fare una scelta **virtuosa** per il cliente a priori, trasformandosi così nel suo comandante di fiducia, alla guida di un treno lanciato in un viaggio sicuro. Assumendo poi che la scelta a monte di un prodotto rappresenta la responsabilità massima del fornitore, ma anche il maggiore dei privilegi, e se è vero che il fruitore medio è spesso incapace di scegliere e orientarsi perché naturalmente incline all'auto avvelenamento e facile a scivolare nell'acquisto di prodotti sbagliati (per ignoranza, noncuranza e schiavitù intellettuale), diventa ovvio che, quando circoscritto alla categoria specifica della somministrazione di caffè, il rapporto tra fornitore e consumatore è, senza eccezioni, nelle mani del ristoratore/barista che, molto semplicemente, non deve far altro che selezionare il meglio possibile: la migliore materia prima, la migliore tostatura, il prodotto più etico e possibilmente estraneo al contenitore inglobante/glorificante. Il cliente modello non sarà avido di domande preventive riguardo al caffè, anzi il suo atteggiamento da passeggero confidente sarà unico, rispetto ai potenziali sviluppi dialettici riferibili a qualsiasi altra esperienza percorribile nell'interfaccia *prodottoconsumatore/mondoristorante*. Se l'esercente si darà come regola di proporre semplicemente il meglio, bypasserà la fase di discussione a priori sulla natura stessa del meglio, non a causa dell'apatia del cliente, ma per la fiducia che quest'ultimo gli accorderà. L'esercente si trova dunque nella fortunata posizione di potere causante in virtù di cui, in modo non reattivo ma attivo, stimolerà le considerazioni del cliente, conducendolo in viaggio. Potendo svolgere appieno, insomma, il vero compito per cui egli indossa un grembiule, ovvero fare cultura.

La storia vuole, però, che la condizione di libertà e l'acquisto di un potere non siano generalmente considerati dall'uomo come opportunità di sviluppo, quanto piuttosto come occasioni di sfruttamento, speculazione e fraudolenza. L'animale ammaestrato, che si ritrova nell'insolito stato di libertà, fa danni per natura.

E se la maggior parte dei casi di abuso di ruolo da parte del mondoristorante, in merito a comportamenti diseguali, contrastanti e poco etici può essere argomentata e, in alcuni casi, discolpata, per nessuna ragione può essere giustificabile una gestione mendosa del prodotto caffè. Dal bar di quartiere alla stazione di servizio autostradale, il caffè si può frequentemente considerare il *core business* della ristorazione veloce. Se si considera poi che, dalla peggiore alla miglior qualità di caffè, passano pochi centesimi di differenza di costo vivo a tazzina, si dovrebbe presumere che un mercato intellettualmente libero, basato esclusivamente sulla promozione della Qualità, favorisca l'estinzione dei prodotti spazzatura.

Infatti, l'esercente che scelga la materia prima più pregiata, non correrà rischi rilevanti di sinistrare i suoi guadagni che, anzi, aumenteranno in virtù del sempre incrementante *fattore qualità*. Ma allora, perché, in evidente opposizione alle premesse descritte, il *mondoristorante* soffre di un'incentivazione globale (da considerarsi tra le più becere, in quanto sostenuta da una estesa distorsione di informazioni slealmente fornite al consumatore e atte a reggere l'accettazione convenzionale passiva di parametri qualitativi fasulli) al consumo di caffè della qualità peggiore, sostenuto dai colossi di produzione? Per rispondere a questa domanda bisogna comprendere il funzionamento del mercato del caffè. Il Trust a esso connesso, come avverte Gianni Frasi, *è il secondo del mondo, dopo quello del petrolio e precede addirittura quello dell'acciaio.*

"Nel 1960, in Italia, c'erano circa 9.500 torrefazioni artigianali. Oggi, a tostare realmente il caffè siamo meno di 450. Ce n'erano 8.500 in Germania. In questo momento, 186. In Francia, dove erano più di 9.500, sono ora 45. Il 50% di tutto il caffè che viene bevuto in Europa oggi è costituito da preparazioni fatte con cialde e capsule. È la sparizione del caffè. I caffè, oggi, hanno tutti lo stesso sapore. Gli ibridi utilizzati in piantagione hanno tutti lo stesso sapore. La varietà *Costa Rica* non sa più di Costa Rica, così come la *Guatemala*, la *Brasile* eccetera. Il Tavernello, se ci riferiamo al mondo del vino, non lo puoi servire, in quanto tale, in un ristorante con tre stelle Michelin mentre, per quanto riguarda il caffè, è diffusissima l'abitudine di servire, anche da parte di un *Tre Stelle*, un caffè di scarsissima qualità. Per ragioni inconfessabili, che legano i ristoratori ai loro fornitori di caffè, la qualità media che si riscontra oggi è la più bassa rispetto a qualsiasi altra categoria di prodotto del *mondoristorante*, dal bar di quartiere ai più celebri ristoranti del mondo".

Gianni Frasi parlò nel dettaglio, in una intervista rilasciata a *Report*, dei meccanismi che governano l'industria e il mercato del caffè mondiali, riferendosi al degrado delle materie prime utilizzate a a quello che lui definisce *satanismo* del mercato. "Se la parola aramaica *Satàn*, in italiano significa *capovolgitore*, siamo di fronte al Capovolgitore dell'espresso. La preparazione in capsula non è una caricatura dell'espresso, ma una parodia. E se, come si dice, Satana è la scimmia di Dio, allora la cialda si può definire la *scimmiottatura* dell'espresso".

L'intervista, riproposta alcune volte, fu poi **tagliata e infine rimossa anche dal Web, a causa dell'intervento censorio degli sponsor televisivi**. "L'atteggiamento del torrefattore," aggiunge Frasi "non deve essere in nessun caso utilitaristico, speculativo, mediatico". Il sistema che governa l'industria del caffè nel mondo non è dissimile da quello che sostiene tenacemente l'industria di tutti gli altri prodotti inglobati e inglobanti al Grande Contenitore.

Facciamo un passo indietro: la macchina del caffè espresso è stata inventata da un italiano, un torinese, e l'Italia vanta una tradizione unica, per scuola e mestiere, riguardo alla torrefazione. L'eterogeneità di stili di tostatura che ereditiamo oggi è un **patrimonio culturale** che, nella sua filologia, assomiglia molto alla mappa sconfinata delle varietà capillari delle gastronomie regionali italiane. Per comprendere meglio il caffè, dalla sua scaturigine fino all'imprescindibile pietra miliare del costume italiano, ovvero la quotidiana tazzina di caffè espresso, occorre dapprima considerare come il produttore virtuoso si differenzi dall'industria, riguardo alla selezione del chicco, nonché sul conseguente scarto del chicco non idoneo. Il secondo passaggio riguarda la tostatura. La qualità di quest'ultima, in genere, è inversamente proporzionale alla grandezza dell'azienda; più le quantità di caffè da lavorare sono alte, meno le tostature saranno accurate e, soprattutto, delegate all'utilizzo di alta tecnologia standardizzante non essendo possibile, oltre certi limiti, l'azione diretta, determinante, della mano umana. A livello industriale, la tostatura si trasforma in forme di lavorazione omologate quali *cottura, lessatura a vapore*, induzione di calore e altri metodi che non hanno nulla a che vedere con le necessità fisico-chimiche connesse alla trasformazione *mistica* del chicco di caffè. I macchinari tecnologicamente avanzati, che garantiscono l'ottimizzazione elettronicamente automatizzata alla *tostatura* del caffè, non possono sostituire l'abilità umana poiché, pur producendo in scala le tipologie richieste dal mercato, per toni di gusto definiti *carico, morbido, forte* eccetera, non sono in grado di originare l'evento necessario alla trasformazione del chicco di caffè in qualcosa di uguale al sé primigenio, pur alterandone la *condizione*. Si tratta della transustanziazione vera e propria del chicco, che solo la tostatura eseguita con una macchina a controllo esclusivamente manuale, governata da un maestro umano e non da un computer, può generare. Nella tostatura manuale eseguita da un maestro torrefattore, il chicco riceve il fuoco diretto e raggiunge velocemente il suo apice, così come un frutto sull'albero riceve il calore del sole e, nello scorrere dei giorni estivi, raggiunge la sua perfetta maturazione. Ma, come al frutto l'albero dona gli aromi migliori soltanto negli istanti prima di rilasciarlo, così allo stesso modo il chicco riceve dal fuoco la sua metamorfosi finale solamente all'apice di uno e un solo istante perfetto: una sorta di esplosione interna procrea il *neochicco* che, come una farfalla nata dal bruco, ha un nuovo colore, un nuovo peso specifico, una nuova composizione, una nuova essenza. Con la mutazione vengono asciugati tutti gli acidi grassi e, contemporaneamente, rivelati e sprigionati solo in quell'istante, non prima e non dopo, tutti gli aromi in potenza occultati nel chicco verde e inesprimibili altrimenti che attraverso il fuoco. L'alchimista tostatore ha il compito difficilissimo di prevedere, individuare a vista e infine gestire con maestria questo attimo in cui il chicco assume una particolare sfumatura di color **tonaca di frate**. Accoglierai, allora, nel tuo palmo, chicchi leggeri, eufonici e tintinnanti, croccanti e asciutti. Qualsiasi altro momento in difetto lascerà il chicco più pesante, unto, meno digeribile. Qualsiasi altro momento in eccesso lascerà il chicco bruciato, amaro. Qualsiasi altro tipo di tostatura che non sia quella manuale, darà chicchi dell'una o dell'altra specie. I tostatori, nel mondo, in grado di donare il chicco perfetto sono pochissimi. Avremo quindi torrefattori che, per rimanere in vita sul mercato, sceglieranno linee prudenti, ottenendo caffè non perfettamente tostati, e altri che produrranno caffè forti ma indigeribili. Infine, importantissima è la distinzione tra le razze di caffè Arabica e Robusta, legata al contenuto di acidi grassi. La maggior parte dei bar preferisce somministrare miscele con alte percentuali di Robusta (mal tostata) che garantisce un volume maggiore di crema, ma è anche meno digeribile.

I messaggi pubblicitari sul caffè ci inducono ingannevolmente a identificare l'alta qualità con il packaging, funzionale tra l'altro all'individuazione della categoria di gusto preferita, all'interno dell'eterogenea disponibilità di cui già accennato. Gianni Frasi, al contrario insegna che ogni tipologia di caffè ha sue caratteristiche peculiari, legate all'origine, che possono essere evidenziate solo con una perfetta tostatura. Il caffè industriale acido e grasso, inoltre, alimenta l'abitudine all'utilizzo dello zucchero raffinato, distorcendo la natura di questa bevanda mistica che, quando ben fatta, esprime un nerbo di sapidità, antitetico all'aggiunta dello zucchero. Lo zucchero infatti serve a bilanciare il gusto forte e irritante originato dagli acidi grassi della Robusta. Un caffè mistico è *quasi salato* e possiede un ventaglio gusto-olfattivo caleidoscopico. Questa sublimazione non può essere conferita nemmeno a varietà geneticamente superiori, come la *Jamaica Blue Mountain*, se queste vengono gestite dalle multinazionali che *lessano* il caffè, mantenendo al suo interno i grassi e gli oli essenziali.

Sceso dal treno pilotato da Gianni Frasi, torno dunque a essere arrendevole. Mi piego al caffè che mi capita, perché altrimenti, con l'eccezione di casa mia e di pochissimi ristoranti, sarei costretto a rinunciarvi. Non riesco a immaginare di entrare in un bar e, come per le sigarette, mettermi a discutere col barista: "Se non ha Frasi, o Baracco, se lo procuri, no? Che ci vuole? Oppure non metterò più piede qui!".

Al ristorante, invece, quando mi viene chiesto se desidero un caffè, rispondo sempre, così come per l'acqua: "Dipende dal caffè, che caffè avete?".

E, praticamente sempre, così come per l'acqua, mi guardano come se fossi un marziano (o, più probabilmente, uno scemo). Questa semplice, fastidiosa domanda forza il ristoratore a uscire dal suo stato di comfort. Ma il mondo-ristorante è tutto qui, in un bicchiere d'acqua o in una tazzina di caffè, i posti in cui l'uomo si perde, di norma, più facilmente.

Un giorno mi trovavo in un ristorante con due stelle Michelin in provincia di Reggio Emilia. Il responsabile di sala mi stava stendendo tappeti rossi uno sull'altro perché avevo ordinato un Sauvignon di Iosko Gravner del novantadue, incutendogli timore e rispetto. Si fermava continuamente, e inopportunamente, al nostro tavolo per chiedermi se andasse tutto bene. Arriva il momento del caffè che, ovviamente, è irricevibile. Alzo il dito. Arriva prontissimo. Gli chiedo, candido: "Senta, ma... che caffè avete qui?".

Mi scruta impaurito, preoccupato.

Mi risponde: "Signore, potrebbe seguirmi?".

Stupito ma incuriosito, mi alzo e lo seguo nella *hall*. All'angolo bar troneggia una *Faema* a due gruppi cromata, una macchina leggendaria.

Il cameriere mi fa cenno, con un gesto della mano, di avvicinare il mio orecchio alle sue labbra: "Vede, noi ci teniamo tantissimo al caffè".

Ha un momento di smarrimento, poi si avvicina ancora di più e mi sussurra: " Noi abbiamo -BEEP! ma le assicuro che si tratta della linea più alta prodotta da -BEEP! È il migliore che hanno, mi creda...".

"Vabbè", gli rispondo allontanandomi, "se lo dice lei. Però se mi chiama qui, in disparte, a confessarsi sottovoce, forse non siete mica tanto convinti che questo BEEP! sia il miglior caffè che potevate tenere".

"È che... sa, è che... ci sponsorizzano. Ma comunque noi pretendiamo la linea migliore".

Già, li sponsorizzano.

Ma questo è il campo dorato dei *venduti*. Da qui, basta scendere un gradino e ci si ritrova nel terreno sterminato degli schiavi auto-omologati, coloro che non solo non percepiscono alcuna sponsorizzazione, ma nemmeno una *fetta*, in nero magari, dei proventi: il terreno che tocco con mano quando, ogni giorno, chiedo quanta Robusta, quanta Arabica, che tipo di tostatura abbia il caffè che sto bevendo. Guadagno nemici giurati o, nel migliore dei casi, mi ritrovo a compiangere la dabbenaggine di esercenti convinti di somministrare un prodotto di qualità.

Postilla: l'olio di frantoio, Veronelli e Vissani

Circa vent'anni fa Luigi Veronelli intensificò la campagna a favore dell'olio di frantoio italiano e a difesa dell'olivicoltore. In uno dei suoi articoli più appassionati si chiedeva come fosse possibile che, se un buon olio di frantoio costava al produttore circa 13.000 lire, sugli scaffali dei supermercati si trovassero molti oli extravergini di marche rinomate a un prezzo di vendita al pubblico equivalente, in media, a meno della metà del suddetto teorico prezzo di costo.

Veronelli chiedeva un cambio radicale delle politiche agricole, denunciando l'interesse delle multinazionali a mantenere il controllo dell'olivicoltura affinché il piccolo e medio agricoltore italiano non si rendessero indipendenti. Il mantenimento di tale ordine contemplava (e contempla), tra i vari mezzi utilizzati, l'attuazione di un subdolo progetto di disinformazione sistematica attraverso tutti i mezzi di comunicazione disponibili.

In quel periodo, lo chef Vissani, che era stipendiato della RAI e la cui popolarità di allora potrebbe essere equiparata a quella dei vari Cracco, Bastianich e Canavacciuolo di oggi, dichiarò come l'utilizzo degli oli di semi, soprattutto per la frittura, fosse da preferire senza riserve a quello dell'olio extravergine d'oliva, altrimenti ridenominato da

Veronelli *olio di frantoio*, in aperta polemica con i Disciplinari, troppo morbidi in merito ai parametri di produzione dell'olio d'oliva extravergine italiano (per citare solo i più gravi: il diritto alla *Denominazione*, subordinato alla sola condizione di avere la sede legale in Italia, permettendo così all'Industria di produrre etichette recanti la dicitura *olio di oliva extravergine italiano*, utilizzando a piacimento olive provenienti dall'Africa o da altri paesi in cui la manodopera fosse praticamente gratuita. Il **diritto all'adulterazione**, vidimato da norme che permettevano di *allungare* gli oli extravergini con percentuali miste di oli raffinati, oli di sansa e oli vergini. Queste, e altre licenze legalizzate, permettevano all'Industria di annientare il piccolo produttore virtuoso, grazie alla concorrenza sleale supportata dalla malainformazione mediatica). Veronelli, scandalizzato dalla dichiarazione pubblica di Vissani che, a suo avviso, oltre a costituire un grave errore tecnico, avrebbe avuto effetti devastanti sulla media impresa agricola italiana, eliminò punitivamente il ristorante di Vissani, al tempo considerato il migliore d'Italia, dalla sua "Guida Veronelli dei Ristoranti d'Italia". Tale decisione sollevò un dibattito così acceso che Bruno Vespa invitò i due, a confronto, nella sua trasmissione serale. Veronelli, con l'immensa classe che gli apparteneva, argomentò nel dettaglio i motivi gravissimi per cui non poteva più considerare lo chef in questione degno di essere incluso nella propria guida, addentrandosi poi, sostenuto dalla sua abile dialettica, in allusioni non fraintendibili in merito alle sponsorizzazioni dell'*industria food* e alle dinamiche a essa correlate. In pratica Veronelli fece capire che Vissani, o era un coglione di proporzioni galattiche, o in qualche modo era stato *sponsorizzato* per arrivare a rilasciare una dichiarazione talmente "folle". Oggi è praticamente impossibile avere accesso agli archivi di tale dibattito e tutto ciò porta alla conclusione, come per Gianni Frasi, che la documentazione **sia stata rimossa anche dal Web, a causa dell'intervento censorio degli sponsor**.

Il *mondoristorante* non è solo "Masterchef", o "Quattro Ristoranti", o sogni di gloria di chef pagati più dei calciatori (sono, questi, contenitori e modelli funzionali al mantenimento del sistema di controllo mediatico), ma anche bar, trattorie di periferia, mense aziendali e ospedaliere, catering, pizzerie e **grandi catene**: tra queste c'è Autogrill, mastodontico colosso del settore che può vantare fatturati incalcolabili. Consideriamo ora quanti milioni di persone frequentino i ristoranti e i bar Autogrill ogni giorno. Consideriamo anche quanti siano, in percentuale, i *prodotticonsumatori* stranieri che, viaggiando in Italia, utilizzano il servizio Autogrill: da una parte, il *giro di denaro* ascrivibile a tale industria è così sbalorditivo che non è possibile illudersi che i contratti tra essa e i suoi fornitori siano finalizzati alla Qualità piuttosto che alla massima speculazione possibile, mentre dall'altra, si auspicherebbe che una piattaforma consacrata a un pubblico straniero così vasto fosse la vetrina per eccellenza dell'italianità. Ciò non significa che Autogrill debba esporre in scaffale il *Parmigiano Reggiano Bonat* di 72 mesi, né il salame di maiale nero di Anselmo Bocchi ma che, quanto meno, esprima i valori territoriali e culturali del nostro paese con accettabile dignità. In conclusione, sui tavoli del ristorante Autogrill, non ci si aspetti di imbattersi nell'olio di frantoio di Livernano, prodotto in poche centinaia di bottiglie, ma, come minimo, si pretenda di trovare un olio extra vergine di oliva per condire l'insalata. Se così fosse, Veronelli avrebbe vinto e i valori territoriali sarebbero anteposti alla speculazione industriale.

Segui educatamente la tua fila. Gli occhi ti cadono sulla pasta al forno. Ti dici che *è meglio di no*. Avanzi. Sei agli arrosti. *Quasi quasi...* Stai per cedere, ma prosegui. Arrivi in fondo al binario. Sono rimasti solo i dolci. Ci vuole troppo coraggio. Preso dalla disperazione, lasci la fila. Ti dirigi verso l'isola centrale. Adocchi un'insalata: è *similmondometro*: ti ricorda un po' le fotocopie. Ma ormai hai fame. Non ti resta che lei. Hai un ripensamento: forse era meglio un *Camogli*. O un *Fattoria*. Il ripensamento è breve. Non hai voglia di tornare in coda un'altra volta. E poi, hai bisogno di sederti. Prendi l'insalata con le carotine, le mozzarelline e tutto il resto. C'è un tavolo libero vicino alla vetrata, vista parcheggio. Vuoi fare presto prima che te lo rubino. Sgambetti fino alla cassa. Paghi. Sgomiti fino al tuo tavolo. Ti siedi. Prendi il sale. Ora, prendi l'olio. Ha un'etichetta così verde e gialla che senti già in bocca il sapore delle olive appena spremute. La tua insalata fotocopiata, pensi, avrà un sapore, grazie a Dio.

Ne versi un'ampia dose. Non t'accorgi, lì per lì, della trasparenza dell'olio. Il primo boccone è una batosta: il sapore è acido, ossidato. Temi di aver scelto un'insalata deteriorata, esposta da troppo tempo. Riassagi, incredulo: non è l'insalata.

È l'olio.

"Scusa, ma...ma, che olio è?", chiedi sconcertato alla tua compagna.

Allungate contemporaneamente la mano verso la bottiglia dell'olio per guardarla meglio da vicino.

È: *Olio di 5 semi – Il più Ricco di Omega 3 – Il vero prodotto italiano – Il migliore per la tua salute.*

Non è uno scherzo. Sull'etichetta c'è scritto tutto ciò, in sequenza, con enfasi.

"Ci sarà capitata quella bottiglia d'olio di semi casuale che si trova lì per sbaglio," pensi, "ora mi alzo, e recupero una bottiglia di olio d'oliva, da un altro tavolo".

Ma, nell'istante stesso in cui lo pensi, hai già passato in

rassegna la panoramica di tutti i tavoli della sala ristorante. Il set di condimenti in dotazione a ogni tavolo è il medesimo. Ora che hai le antenne dritte, ti accorgi che l'aceto non è da meno: *Condimento a base di aceto di Modena*.

La tua insalata è immangiabile. Rinunci al pranzo. Sgomento.

Non puoi credere che Autogrill, tappezzato ovunque di slogan inneggianti al *prodotto italiano*, serva un prodotto del genere. Il packaging di questo olio è satanico, inteso alla Gianni Frasi. L'azione scientifica del *Capovolgitore* non potrebbe essere più paradigmatica: la bottiglia è identica, in ogni dettaglio, al modello ideale a cui, automaticamente, il *prodottoconsumatore* associa l'archetipo della bottiglia di olio d'oliva di alta qualità, per stile, forma e colori. Se poi, al consumatore leggermente meno annichilito, dovesse sopraggiungere lo scrupolo di voler leggere, addirittura, l'etichetta, ecco una serie di riferimenti mediatici molto in voga e molto pop, allineati oltretutto in modo sufficientemente grossolano, quasi a voler trasmettere, tra le righe, un messaggio di impudente certezza, da parte del produttore, di rivolgersi, perlopiù, a lettori di bassissimo livello culturale e intellettivo.

Olio di 5 semi.
Il più ricco di Omega 3.
Il vero prodotto italiano.
Il migliore per la tua salute.

È, nella sua agghiacciante crudeltà, una poesia. Non solo una sequenza di rassicuranti luoghi comuni, atti a placare un eventuale lampo di spirito critico insorgente nel *prodottoconsumatore*, ma soprattutto, un capolavoro di arte distorsiva che, in pochi magnifici versi, illustra l'aberrazione perpetrata su tutti i piani da *mondoristorante*. Ripenso allora a Vissani che, impunito, continua ancora oggi a fare televisione. Penso anche a Luigi "Gino" Veronelli che, dopo il confronto con Vissani in diretta TV, fu censurato e segregato, per morire, pochi anni dopo, quasi ignorato dai media ufficiali, nonostante fosse il giornalista enogastronomico più importante di sempre in Italia e fautore, tra l'altro, delle glorie della stessa RAI, a partire dagli anni Sessanta.

Oggi è la gigantografia del faccione dello chef Cracco, stellato, a campeggiare su migliaia di cartelloni pubblicitari delle patatine (l'avrebbe tagliato, un furioso Veronelli, dalla sua guida dei ristoranti?).

Capitolo quinto
Ristoratore resistente

Versilia, prime ore del mattino.

I pescatori di arselle non hanno paura del buio, né tanto meno dell'acqua. Si infilano la muta e vanno, scalzi, ad affrontare l'umore del mare, nella notte, per scovare i nicchi, come li chiamano loro. Pescatori, a volte improvvisati, che rastrellano il fondo, utilizzando soltanto un retino simile a quelli che usano i bagnini per pulire la spiaggia, nella speranza che i molluschi, grandi quanto una briciola di pane, rimangano incagliati nella rete. Camminano senza appigli, immersi nell'acqua fino all'altezza della gola, le onde che d'improvviso diventano grosse e li sbalzano via.

Cammino sulla spiaggia. Il sole è già alto. Io ho paura del buio. Ancor di più dell'acqua. Marina raccoglie una conchiglietta.

"Vedi, questa è un'arsella!".

"Come sono piccole", commento incantato. "Io credo che sia così difficile pulirle!".

Ripenso a quante volte mi sono detestabilmente lamentato, al ristorante, per aver trovato, nella mia zuppetta di arselle, un po' di sabbia. Ignoravo il buio e la furia dei flutti. Ignoravo la minuta, impenetrabile bellezza dell'arsella.

Provo senso di colpa per questo e vorrei tornare indietro nel tempo a cancellare il senso di vergogna per tutte le volte in cui, senza sapere quanto cuore (prima) e quanto lavoro (poi) fossero costate quelle manciate ampie di arselle sgusciate che avevo nel piatto, ho lasciato che i miei piedi calpestassero la poesia: "cameriere c'è un problema: la sabbia. Troppa sabbia".

Vorrei aver potuto offrire, al mare, al pescatore, al cuoco, la loro legittima τιμη.

Quante volte ho preteso la mia! Furioso contro i lamenti arroganti e profani dei miei clienti *(abbiamo speso 15 euro per tre misere alici, che vergogna! E ancora, venti euro per tre fette di prosciutto, che scandalo!).* Avrei voluto, allora, urlare che il mio prosciutto, il Sant'Ilario di 60 mesi tagliato sapientemente a coltello, "puoi trovarlo solo da me! Che i milanesi, abituati a pagare a peso d'oro due fettine di ordinario crudo di Parma, un prosciutto come il mio, o vengono fino a Parma, nel mio locale, o non lo mangeranno mai nella vita!".

Avrei voluto gridare che ciò che il cliente ignaro chiama furto, per me, spesso, è un *dono d'amore.* Avrei voluto prendere per il bavero e strattonare forte chi scherniva crudelmente il mio lavoro, valutando la materia prima in virtù di parametri basati solo sulla propria, limitatissima esperienza. Poi, afferrare il suo braccio e trascinarlo a forza fino all'Autogrill più vicino, indicargli la vetrina dei panini e sbraitargli nell'orecchio: "Questi sì, sono cari! Questo pane industriale decongelato, questo prosciutto prodotto chissadove! Questi 6 euro, questo, sì, è un furto! Io pretendo la mia τιμη!".

"Quelle che tu chiamai *tre misere alici sott'olio*, sono acciughe del Mar Cantabrico, pescate solo tra Aprile e Maggio e selezionate con amore durante i miei viaggi nel nord della Spagna, pensando solo a Te! Immaginavo e pregustavo la tua felicità - unico vero motivo del mio lavoro - nel degustare anche tu, attraverso me, quel prodotto irripetibile".

Vorrei pretendere il mio onore, ma la mia vergogna mi impone il silenzio, giacché so che la mia vera τιμη dipende da come coltiverò, con tutto me stesso, la compassione necessaria a essere divulgatore resistente.

Il resto è tempo sprecato.

Così, quando il *prodottoconsumatore*, seduto nel mio ristorante, mi chiede trasognato che cosa siano le taccole, o le puntarelle piuttosto che gli agretti, invece di domandarmi, o di domandargli, se sia mai andato a fare la spesa in vita sua, mi esorto a mettermi nei suoi panni e a continuare a fare il mio lavoro, impassibile anche di fronte al più grande muro di ignoranza. L'ignoranza genera chiusura, cattiveria, bruttezza. Ricordo allora, come, avvicinandomi a ciò che non conosco, quante volte lo abbia giudicato senza vergogna, con incompetenza, scortesia, rozzezza.

È facile mettere in scena affascinanti sermoni da ristoratore colto e appropriarsi del ruolo di precettore. Lo è molto meno mantenere l'umiltà costante e reiterata, propria di chi si sente, perché così dev'essere, un principiante.

La zuppetta di arselle è un piatto tipico versiliese, semplice e allo stesso tempo così delicato e **prezioso** che, per me, è l'emblema del **Ristoratore Resistente**, ovvero il ristoratore umile e virtuoso, divulgatore di bellezza. Questo piatto passa spesso inosservato nei *menu*; i riflettori sono sempre puntati sugli scampi, sui gamberi in crosta, sugli inflazionati *plateaux* di crudità. Passa inosservato perché il suo segreto di amore e sudore è nascosto dietro le apparenze e può essere rivelato solo attraverso l'umiltà di chi lo mangia.

Ecco: una semplice zuppa. Questo è il piatto del Ristoratore Resistente

Piglià le àrselle, l'è miha na hosa facile, l'è mica 'na càata, il mare è hattivo. Se l'onde so' fforti, c'è da soffrì. L'è dùra. 'O Boia...

"Una volta giunta la materia prima nelle vostre mani, per prima cosa, con l'aiuto di un colino, dobbiamo lavare bene il mollusco, in modo da eliminare la sabbia che si porta dentro come ultimo ricordo: proprio così, quella fastidiosa sabbia che trovi nel piatto, che scricchiola sotto i bianchi denti dei clienti che, ignari, si irritano e protestano. Eppure la sabbia, che non potrà mai essere completamente eliminata (è impossibile, se non attraverso trattamenti che estrarrebbero dal mollusco anche tutto il suo succo, la freschezza, l'energia del mare, il suo nerbo), è il segno della qualità, della freschezza.

Dopo aver ben lavato le arselle, versiamole in una casseruola con l'aggiunta di un po' di acqua fredda e accendiamo una fiamma, ricordandoci di coprire il tutto con un coperchio, per contenere il calore e il vapore e far sì che le nostre arselle si aprano, consegnandoci il loro gusto, il loro profumo e l'anima del mare. Giunti a questo punto, scoliamo tutto, mantenendo l'acqua di cottura, e passiamo alla sgusciatura dei frutti (certo, hai letto bene, quei piccoli molluschi, una volta aperti, assomigliano a farfalle variopinte di lucenti e meravigliosi colori. Come non chiamarli frutti?). Essi vanno sgusciati uno a uno, in modo da poter poi essere mangiati con il solo aiuto del cucchiaio.

Ora, oltre alle *arselle sgusciate e alla loro acqua filtrata*, abbiate a disposizione questi ingredienti:

- *olio di frantoio*
- *aglio*
- *peperoncino*
- *basilico*
- *prezzemolo*
 -vino bianco
- *salsa di pomodoro*

Fate rosolare l'aglio, precedentemente tritato, in una casseruola con l'olio e il peperoncino. Bagnate con il vino bianco, fate evaporare. Aggiungete ora le arselle, con un po' della loro acqua, la salsa di pomodoro, il basilico e il prezzemolo, un po' di brodo. Fate cuocere per 4 minuti. Poi, versate in una fondina.

Servite... non prima, però, di aver immerso, all'interno, una fetta di pane toscano tostato, caldo".

Ricetta (e racconti) di Daniele Ricci (nato a Viareggio, il 15 Luglio 1977), Chef dell'Osteria del Mare, ristorante resistente a Forte dei Marmi.

***

2000. Marzo. Nel *non tempo*.
I Limoni, forti, di Eugenio Montale li ho trovati a Pantelleria. Abitavo a Khamma. Una dolce vecchina mi aveva affittato una camera profumata di cedro, con la finestra affacciata su Cala Elefante. Ogni mattina mi faceva trovare, elegantemente adagiato su un fazzoletto di pizzo bianco, un meraviglioso limone maturo. I Panteschi, infatti, sono soliti omaggiare gli ospiti con quello che ritengono il loro bene più prezioso, il limone. Intorno agli alberi di limone, a Pantelleria, venivano erette, un tempo, delle piccole fortezze in sasso, simili a nuraghi, per proteggere la

pianta dalle sferzate del vento impetuoso che non smette mai di percuotere l'isola.

I *jardini*, come vengono chiamati dagli abitanti, racchiudono, ciascuno, una sola pianta, trasmettendo un senso di sacralità, quasi fossero un monumento religioso dedicato all'albero che custodiscono. Da qualcuno furono definiti *giardini archetipo*, a indicare come la mano dell'uomo fosse intervenuta sul paesaggio con rispetto, coniugando con equilibrio i bisogni di sussistenza col contesto naturale, e a testimoniare come l'isola fosse stata per secoli, almeno fino all'avvento dei mezzi di comunicazione moderni, un vero e proprio microcosmo scevro dei condizionamenti esterni. Questo scoglio irto in mezzo al Mediterraneo, più prossimo all'Africa che all'Italia, è difficilmente raggiungibile via mare per la sua conformazione. I suoi boschi verdi, la sua montagna, la non agevolezza alla pesca, plasmarono la popolazione, rendendola *gente di terra*. La cucina tradizionale, infatti, è caratterizzata da ricette semplici, ma dai sapori inebrianti, a base di verdure, capperi, tumme profumatissime (tratte dal latte di mucche libere di pascolare in altura, da erba e fiori selvatici), lavanda, camomilla, erbe aromatiche di rupe, lepri, conigli e, infine, dall'origano selvatico, principe dell'isola e immancabile ornamento di ogni piatto.

Ho potuto godere del privilegio di vivere questa cucina, prima che il turismo cominciasse a deturparla, prima che il porto si riempisse di ristoranti e cocktail bar turistici, con le ostriche (aberrante segno dell'avvento del meccanismo omologante, le ostriche a Pantelleria in agosto) in bella mostra all'ora dell'aperitivo.

A quel tempo, l'isola era ancora intensamente popolata dagli ultimi abitanti nati tra le due guerre, legati alle tradizioni, e i cui riferimenti spazio-temporali erano ben diversi da quelli convenzionali. Le coordinate mentali del

Pantesco di settant'anni avevano, come riferimento unico, il perimetro dell'isola che, per lui, rappresentava il Mondo. Per la vecchina che mi ospitava a Cala Elefante, percorrere la distanza di una manciata di chilometri tra Khamma e Gadir significava intraprendere un vero e proprio viaggio.

In questo micro-mondo indipendente, questo mondo di limoni, scevro da qualsiasi schema a me precedentemente conosciuto, ho vissuto le esperienze più assimilabili alle caratteristiche che il modello di **Ristoratore Resistente** dell'era omologante dovrebbe incarnare.

Quest'isola impresse in me il modello di riferimento del *mondoristorante* non condizionato a cui ispirarsi: una ristorazione libera e spontanea, integralmente coniugata con i ritmi naturali della propria terra, e rievocata da Ales Kristancic nella sua intervista da me citata nel capitolo *Vino*.

(puoi anche non avere il vino, o le acciughe, se non ci sono quelle vere. Non che devi avere le acciughe per forza. Puoi anche scrivere: oggi ho solo il pane, diopovero. Perché così si fa la differenza, solo così si fa la differenza).

La pasta alla Norma

Circa a metà della strada che collega Khamma al porto, si incontra un bivio contrassegnato da un cartello sbiadito: *lago*. Prendendo la carraia, si risale un ripido declivio con tornanti ad angolo acuto in mezzo ai cespugli arsi dal sole. Più ci si inerpica, più il paesaggio sembra inasprirsi ma, di colpo, allo scollinare, l'improvviso, imprevedibile spalancarsi di una spettacolare ampiezza, da togliere il fiato, svela il Lago di Venere: uno specchio verde-azzurro circondato da sabbie bianchissime, incastonato sul promontorio. Per la sua strabiliante bellezza, gli antichi asserivano che il lago si fosse formato dalla caduta dal cielo di una lacrima di Afrodite (Astarte per i Fenici).

Emergo dalla mia lunga contemplazione del silenzio, calato nelle acque termali e cristalline del lago. Percorro le poche decine di metri che separano la spiaggetta da un'oasi di palme e cedri, all'interno della quale sorge un piccolo *dammuso* bianco che ha tutta l'aria di essere un posto di ristoro. Seduti a un tavolo di pietra, all'aperto, quattro signori in abito festivo pantesco, con coppola, panciotto e tutto il resto nonostante il caldo, giocano a carte all'ombra delle palme. Mi avvicino. Chiedo se sia possibile mangiare. Uno dei signori, quello più elegante, senza dubbio il capo, ordina di uscire, con un brevissimo, perentorio segnale monosillabico (a me ovviamente incomprensibile) a qualcuno che si trova all'interno. Sopraggiunge, allora, una signora molto anziana, secca e diffidente. Quasi certamente, sua moglie.

"Cosa volete?", chiede energicamente, volgendo lo sguardo altrove.

"Vorremmo sapere se è possibile pranzare, signora", rispondo gentile.

I quattro giocatori di carte hanno intanto interrotto la partita e, silenziosi, osservano il mio amico in costume da bagno.

La signora, nonostante la conversazione fosse stata ben udibile, si rivolge cerimoniosa al marito, ripetendo: "Questi *picciotti* vorrebbero mangiare. Li *entro*?".

La τιμη:

il capo, allora, alza leggermente il volto verso di noi. Ci osserva per alcuni lunghi istanti, poi piega impercettibilmente la testa, indicando l'ingresso. La signora, a questo punto, ci sorride: "Entrate pure *signori*, l'amico vostro si veste", mi dice "e dopo può entrare pure lui".

"Grazie, signora, siamo onorati", rispondo.

La sala ristorante è un *open space*, armoniosamente allestito, come il miglior architetto newyorkese non avrebbe saputo fare.

La signora ci *siede*, servendoci subito un cestino di pane cotto a legna, appena sfornato.

"Vi porto il vino? Bianco o rosso? Della nostra campagna" specifica, concisa e ossequiosamente attenta a non incrociare i nostri giovani occhi maschili.

"E da mangiare, cosa vi porto?".

"Ha un *menu*, signora?", chiedo con vergogna.

"Sto friggendo le nostre melanzane", risponde lei, "le volete così o vi faccio gli spaghetti? Questo c'è, nel *menu* di oggi".

(puoi anche non avere il vino, o le acciughe, se non ci sono quelle vere. Non che devi avere le acciughe per forza. Puoi anche scrivere: oggi ho solo il pane, diopovero. Perché così si fa la differenza, solo così si fa la differenza).

"Allora prendiamo volentieri gli spaghetti", esclamo, strizzando l'occhio al mio amico Mirko.

La brezza del lago permea il locale, irrompendo dalle finestre e dalla porta spalancate. S'ode, tutt'intorno, soltanto il suo stormire tra le foglie.

Riceviamo, dopo dieci minuti, su un piatto di ceramica stupendamente decorato di Soli sorridenti e limoni grossi e maturi: pochi spaghetti, perfettamente al dente e regalmente presentati.

Adagiate, sopra di essi, tre enormi fette di melanzana dorate, morbide, croccanti, dolcissime.

Mangiamo il nostro spaghetto in silenzio, rapiti, quasi drogati da sapori e profumi sconosciuti.

Facciamo un sorriso. E poi ancora un altro.

"Vorrei fermarmi qui per sempre", rompo il silenzio.

"O solo qualche anno, come Odisseo", aggiunge Mirko.

Subito dopo aver sparecchiato, la signora, senza nulla chiederci, ci porta al tavolo una caffettiera fumante.

"Ecco il caffè! È forte, è buono..." e un posacenere, sempre di ceramica, dipinto con fiori e foglie blu, verdi e arancioni, sul cui bordo è scritto: *Tempus Fugit. Carpe Diem*.

"Così, dopo il caffè, fumate una bella sigaretta..."

Il Sarago del Dammuso

Al porto di Pantelleria, a quei tempi, c'era un solo ristorante di pesce: Il Dammuso. Era un posto spartano, con le luci al neon e la TV sempre accesa sul primo canale della RAI. Gli uomini del molo me lo consigliavano: "*Signore, dovete andare al Dammuso qualche volta!*".

Io però ero stato adottato in contrada Scauri, dove il mio amico fraterno Elio d'Aietti gestiva il ristorante La Vela, a pelo d'acqua. Avevo preso l'abitudine di andare quasi tutti i giorni a cena da lui: alla Vela, infatti, la TV con schermo al plasma era sempre sintonizzata su MTV, la cucina era molto buona e, soprattutto, il suocero di Elio, Pietro Bonomo, era il presidente del Consorzio del Cappero: una cosa mica da ridere. Quale cliente fisso, ero ormai considerato, dagli abitanti, un uomo di Bonomo e sapevo che, se fossi andato a cena al Dammuso, ai loro occhi, avrei offeso la sua ospitalità e *tradito* Elio.

Un forestiero che voglia avere il rispetto dei Panteschi,

deve, innanzitutto, saper rispettare, a propria volta, l'indole omertosa che hanno in comune con gli altri siciliani. Consolidato ciò, il Pantesco non pretenderà certo che un continentale del nord assuma le sue regole secolari non scritte, ma si aspetterà, quello sì, che la condotta morale dell'ospite tenga conto delle dinamiche e degli equilibri che regolano la sua struttura sociale. Nel mio caso specifico, sarebbe stata buona creanza, se avessi voluto andare al Dammuso a cena, rendere nota la mia volontà, quasi sotto forma di richiesta ufficiale, al mio amico Elio.

E così feci: "Sai, Elio, mi piacerebbe molto provare il Dammuso, una sera, ma solo se tu sei disponibile a consigliarmelo".

Egli, come da rituale autoctono, espletò il formalismo che prevede una blanda protesta omertosamente espressa e del tutto priva di riferimenti diretti al suo *antagonista* (per intenderci, non si sarebbe mai permesso di sconsigliarmi un altro ristorante ma si limitò a manifestare un'improbabile preoccupazione per la mia salute: "È lontano, potresti prendere freddo, andando in scooter", "è un viaggio lungo, di notte, con le curve" eccetera, per poi finalmente accordarmi la sua benedizione: "comunque, se vuoi provare, vai. Vai pure. Sono dei bravi *picciotti*").

Eccomi, dunque, al Dammuso. Anche qui, come al Lago di Venere, non c'è il *menu*.

"Siamo venuti per il pesce", dico, "ci hanno consigliato in tanti di venire a trovarvi".

Nella sala sono in quattro: due ragazzi giovani, un uomo sui quaranta e un signore più anziano.

"Chi vi manda?", chiede quest'ultimo.

"Elio d'Aietti", rispondo.

Interviene il più giovane: "Non abbiamo niente da mangiare stasera. Non vedete? Il ristorante è vuoto".

Io e Mirko ci guardiamo un po' intimoriti.

"Scusateci", replico rivolgendomi all'anziano, "non lo sapevamo, Signore".

Stiamo per andarcene.

"Aspettate", parla di nuovo l'anziano, "accomodatevi Signori. Siamo lieti di condividere con voi la nostra umile cena. Prego, accomodatevi. Prego...".

Interdetti, lasciamo che ci facciano sedere a un tavolino, vista TV. Siamo gli unici clienti del locale.

Il giovane cameriere, che stava per scacciarci, arriva ora al tavolo con una bottiglia di Moscato secco e ci riempie il bicchiere, fino all'orlo. "È buono", dice, "viene dalle nostre uve. Bevete!".

Poi annuncia: "Oggi abbiamo pescato sarago. Al forno o al ferro, lo preferite?".

(puoi anche non avere il vino, o le acciughe, se non ci sono quelle vere. Non che devi avere le acciughe per forza. Puoi anche scrivere: oggi ho solo il pane, diopovero. Perché così si fa la differenza, solo così si fa la differenza).

Nonostante lo sgomento scaturito dai dialoghi preliminari, ora mi sento stranamente a mio agio.

Senza ulteriori indugi, rispondo.

"Al ferro!".

"Con piacere, *Signore!*".

Ed ecco arrivare, poco dopo, il nostro fantastico sarago gigante, profumato di mare, fragrante, bellissimo. Il ragazzo lo *spina* alla perfezione, fino all'ultima lisca. Ce lo serve con semplici verdure dell'orto, insaporite dalle erbe aromatiche di Punta Spadillo. Mangiamo felici, in pace, il miglior pesce alla griglia di tutti i tempi. *Questo, c'era, nel menu.*

Oggi, ancora così innamorato e, vanamente, in cerca di quel sapore, talvolta punzecchiato dalla memoria, mi affaccio alla pescheria di *mondometro* (qualcuno, tempo fa, mi disse: "Il *mondometro* non è da demonizzare in se stesso. Sei tu che decidi, quando fai la spesa lì, di farla in modo consapevole o inconsapevole) e chiedo: "Avete il sarago?". La risposta è sempre la stessa: "No, mi dispiace. Il sarago possiamo procurarlo, ma solo su ordinazione, fatta con molto anticipo". Sorrido a me stesso, allora. Penso ai menu di pesce delle centinaia di ristoranti in cui mi capita di cenare, dalla pizzeria allo stellato: asfissianti, ridondanti celebrazioni di gamberi blu della Caledonia, di gamberi rossi argentini (spacciati per siciliani) e di scampi e di branzini e di salmoni e di *tartare* di tonni indiani decongelati, di pesci San Pietro.

Menu scevri, però, di saraghi.

E mi rifugio, avviluppandomi a me stesso come un bimbo, nel ricordo dell'unico sarago della mia vita, il sarago del *vero amore*.

E che dire, infine, delle arselle? Ales Kristancic forse, a questo punto, concluderebbe così: "Se hai sabbia, tu hai piatto vero. Se non hai sabbia, *diopovero*, chef mente. Lui non può dire che è possibile cucinare arselle, eliminando tutta la sabbia. Se dice questo, vuol dire non avere rispetto per collega e, più grave, per materia prima".

Il nostro capo si chiama Virgilio, altrimenti detto *Oste Resistente in Oltretorrente*. L'Oltretorrente è uno dei quartieri più antichi di Parma, luogo in cui gli Arditi del Popolo eressero, nel 1922, le celeberrime barricate, respingendo l'assedio di Italo Balbo. Nel dopoguerra, questo quartiere, che ricorda vagamente il *Marais* di Parigi, fu sede di trattorie e botteghe, garanti dell'identità storica e culturale della città. Ai giorni nostri ospita il più importante insediamento multietnico locale e l'area universitaria. È probabile che Virgilio si sia ispirato ai *Fatti di Parma*, quando decise di auto-denominarsi **Oste Resistente**, ponendo la sua osteria proprio nel cuore dell'Oltretorrente. Alcuni ritengono che questo epiteto abbia a che fare con la politica, con il comunismo per esempio. In verità, non ho la certezza che non sia anche per questo, ma è garantito che, se Virgilio è stato involontario ispiratore della figura del Ristoratore Resistente, non è certo in virtù del suo pensiero politico, del tutto irrilevante, oggi, ai fini del mandato stesso che egli ispira con il suo esempio (così come Gianni Frasi, Kristancic, Sandro de Filippi, Diego Sorba, Sandro Levati e altri già citati), ovvero incarnare un mestiere che, sostanzialmente, non ha nulla a che fare con l'obsoleta dialettica politica pre-omologazione di *mondoristorante*. Virgilio, come gli altri, è un esempio di rettitudine, coerenza e amore; in sostanza rappresenta il modello di attribuzione della τιμη greca.

Quello che sono diventato oggi, attraverso una lenta e lunga conversione, prima del compimento della quale ho adorato, sposato e sostenuto falsi idoli, egli lo era già vent'anni fa. Dall'apice dell'esplosione di mode e tendenze che si sono poi alternate, nel *mondoristorante*, fino all'era inglobante/omologante di oggi, egli è rimasto sempre se stesso, irreprensibilmente **Resistente**.

Virgilio insegnava a bere Nebbiolo, rifiutando *barrique*, lieviti selezionati, osmosi inversa e tecnologia standardizzante, quando ancora Gargano non aveva nemmeno pensato il manifesto *Triple A*, quando ancora l'identità del *mondoristorante*, oggi ben definita, era ancora embrionale e non percepibile.

Per questo motivo, oltre che per la bellezza unica e ispiratrice del suo appellativo, Virgilio è da considerarsi l'anello di congiunzione tra due epoche. Da una parte c'è un mondo ideale scollegato dal tempo, rappresentato dai ristorantini di Pantelleria (archiviati in un *nontempo* immaginario) e dalle stesse trattorie che, in Oltretorrente, così come in centinaia di quartieri di centinaia di città, dagli anni Sessanta fin quasi agli anni Novanta inoltrati, rappresentarono una ristorazione virtuosa, depositaria di identità territoriali e culturali (come non pensare, per esempio, alla Trattoria del Molinetto, a Parma!).

Questo era un mondo di *pace* in cui Virgilio, pur definendosi **Resistente**, iniziò il suo mandato non per reazione a un sistema, ma per pura visione filosofica. Dall'altra parte c'è il *mondoristorante* omologante e omologato di oggi, in cui giovani e vecchi ristoratori che vogliano essere virtuosi e *resistenti*, per operare al suo interno necessitano di una reazione culturale e filosofica, oltre che nervosa e fisica, sconosciuta alle generazioni precedenti. Virgilio, dunque, attraversando queste due epoche, rimanendo uguale a se stesso, rappresenta un modello ideale e irripetibile in futuro, quasi un *Virgilio* dantesco, verrebbe da dire, da cui il ristoratore figlio di questa era possa trarre le coordinate per risalire dall'Inferno, attraverso il Purgatorio, fino a rivedere le stelle.

Oltre al modello da seguire, esiste anche un Virgilio in carne e ossa: un burbero barbuto e diffidente, scorbutico e agguerrito, come si confà a un vero Resistente, in grado, però, di trasformarsi nel più dolce narratore di fiabe, se solo gli si darà la possibilità di trasmettere il suo vissuto e parlare della terra e dei suoi frutti.

Egli, come ho detto, è il *capo*, o il capostipite, di un ideale, invisibile esercito di ristoratori che incarnano la propria missione professionale come lotta quotidiana in nome della divulgazione virtuosa, sacrificando come orchestrali, il proprio ego al bene comune. Questa è l'Anarchia Intelligente a cui si riferiva Luigi Veronelli.

Ma contro cosa, o contro chi, combattono i *resistenti*?

Prima di rispondere, ricordiamo ancora una volta come, in questi ultimi dieci anni, il Leviatano del *mondoristorante* abbia divorato buona parte della comunità vitivinicola indipendente, in nome della standardizzazione, e come le eccezioni, sebbene numerose, rimangano percentualmente in disarmante minoranza rispetto all'interezza.

Si ricordi inoltre che il ristoratore, quello giovane in particolare, non potrà mai più giovarsi di un periodo mediaticamente non condizionante ed è, perciò, attanagliato, oltre che dalla depressione economica e dal sistema fiscale che, tra le varie sue proprie aberrazioni, non contempla, per esempio, l'immobilizzazione di capitale sotto forma di vino, in qualità di investimento sul futuro (il diabolico automatismo che governa i parametri di analisi dell'Agenzia delle Entrate, infatti, non concepisce che un ristorante possa acquistare vino da vendere non nell'anno in corso. I controlli punitivi prevedono, d'altronde, che il valore del vino riscontrato nelle fatture di acquisto di un anno solare debba corrispondere a un valore correlato di vino venduto entro lo stesso anno. Altrimenti, si è considerati evasori a tutti gli effetti. Acquistare del vino semplicemente per metterlo a riposare *en cave*, come spesso si legge sulle carte francesi, è additato dai guardiani del recinto come reato da reprimere con severità. Un ulteriore richiamo delle premesse fin qui elencate, poi, ci ricorda che il ristoratore standardizzato è trascinato a rinunciare alla veridicità assoluta della carta, scritta o parlante che sia) anche dalla (precedentemente illustrata) necessità di ottenere, a discapito di qualsiasi valore morale, la propria τιμη. Tornando ora tra le mura del ristorante vero, con sedie e tavoli, riusciamo a spiegare come i *resistenti*, per prima cosa, osservino (ciascuno secondo personale e libera interpretazione, atea e gnostica, della propria professione) proprio come custodi, il requisito di veridicità indispensabile alla salvaguardia di una filosofia: essi fanno della verità e della libertà intellettuale la propria legge. Essi non combattono *contro*, ma per: *per* il risveglio del *prodottoconsumatore* incline alla ricettività, e poi per il rispetto non negoziabile degli autentici diritti del *mondoristorante*, lotta, questa, durissima.

Sull'imperturbabile osservanza, a se medesimi connaturata e diversamente modulata, di questa norma di vita, si fonda la vocazione del *resistente* a praticare l'unico essenziale comandamento condiviso: *sii vero*. La lotta del *resistente*, d'altro canto, è volta nient'altro che alla preservazione dell'ideale di verità (intesa come decodificazione, traduzione e divulgazione incondizionata della qualità sostanziale attribuibile a ciascun prodotto, rispetto alla percezione distorta del concetto di qualità, artificialmente attribuito al prodotto stesso) e alla difesa del produttore indipendente. Il resistente, schierato con il contadino colto, anarchico e intelligente, nella sua doppia veste di selezionatore e fornitore, non può che essere nemico, ma solo per conseguenza, del *prodottoimbroglio* che non rispetta la terra, da una parte, e dell'appiattimento culturale, dall'altra. Il *resistente* è nemico, quindi, di qualsiasi abominio geografico (così il Nero d'Avola prodotto a Cernusco). Il *resistente* è anche nemico delle multinazionali dell'agricoltura, degli enologi asserviti ai subdoli meccanismi commerciali condizionati dai punteggi strumentali delle guide *prodotte* dal *mondoparker* e, infine, del commercio dei cosiddetti brand a esse connessi. Il *resistente* si schiera in prima linea con i Walter Massa, i Gea e i Canonica del *mondovino*. Per il *resistente*, mantenere imbattuto il record di non aver mai servito un vino con tappo difettoso, o percorrere 25 chilometri in meno di sei minuti, per garantire al cliente speciale la sua bottiglia speciale, non sono altro che semplici, umili e naturali gesti d'amore in concordanza alla legittimità del proprio apostolato, inteso come mandato etico.

Il ristoratore *resistente* può essere un oste a buon mercato, se il suo *business plan* glielo consente, ma anche un ristoratore di lusso. A rendergli giustizia sono solo i principi su cui si basa il proprio lavoro, indipendentemente dalla categoria economica in cui opera. Luigi Veronelli era solito affermare che il viticoltore, l'olivicoltore, l'agricoltore, l'allevatore e, va da sé, avrebbe detto lui, anche e soprattutto, il ristoratore devono coltivare l'attitudine all'anarchia intelligente come forma di auto governo, lottando, se necessario, col coltello tra i denti, per i diritti propri e della Terra, ma sempre nel massimo rispetto delle istituzioni. Un esempio eccelso di anarchia intelligente è il manifesto di Luca Gargano: una regolamentazione interna molto più virtuosa di quelle criminali architettate dai governi per favorire l'**impresa globale**, incurante della Qualità. Emblema di tali nefandezze fu la legislazione sui vini in Italia: fin dalla fine degli anni Sessanta, in cui si cominciò a fare vino di qualità, i produttori virtuosi furono costretti a uscire dai Disciplinari e a produrre *vini da tavola* per poter elevare liberamente la qualità, rispetto ai troppo permissivi parametri richiesti dalle Denominazioni. Così è nata ad esempio la *doc* Sassicaia. Qualcosa di simile accade anche con i Disciplinari di Prosciutto di Parma, soprattutto, e Parmigiano-Reggiano. Purtroppo, a differenza del mondo del vino, per i produttori virtuosi di questi due prodotti non è così conveniente uscire dai rispettivi *consorzi*, trovandosi ad accettare di condividere lo stesso marchio con produttori di qualità enormemente inferiore o, addirittura a essere confusi, dal *prodottoconsumatore*, con altri marchi (a causa della deficienza di tratti altamente distintivi all'interno del proprio Disciplinare). Se solo due o tre di questi si convincessero che, ripudiando certi parametri troppo *flessibili*, contribuirebbero non solo a elevare la cultura generale dei consumatori, ma certamente anche a fornire un esempio virtuoso da seguire per molti produttori incerti, allora si potrebbe ricominciare ad associare il nome *Food Valley* alla parola Qualità. Il modello industriale però ha prevalso negli ultimi decenni e, se il prosciutto pre-affettato in vaschetta e sparato nella grande distribuzione costituisce senza dubbio un business vincente, non bisogna però dimenticare, come dimostrano i modelli basati sull'autoregolamentazione, che l'innalzamento degli obblighi qualitativi non ridimensionerebbe i fatturati, costringendo i consorzi, tra l'altro, a elevare i propri standard inglobanti per frenare l'emorragia degli uscenti.

Il ristoratore deve inoltre ricordare che i governi possono essere condizionati e costretti a migliorare leggi e normative, solo se la qualità delle esigenze dei popoli migliora. E l'unica arma a sua disposizione per far sì che ciò accada è la divulgazione della cultura.

Le 5 regole disciplinari del Ristoratore Resistente

1) Il **Ristoratore Resistente** deve avere la **vocazione per il proprio mestiere**, trasformandolo nella **propria missione**, proteggendolo e rendendogli giustizia ogni giorno, quale guardiano e conservatore delle sue regole etiche, tecniche e procedurali, nonché dello spirito del mestiere stesso.

2) Il **Ristoratore Resistente** deve essere **colto**. Deve conoscere l'origine e i Disciplinari di ogni prodotto sul mercato.

3) Il **Ristoratore Resistente** deve **essere coraggioso; non deve farsi sponsorizzare**, se non da fornitori virtuosi, da lui già precedentemente selezionati. (Gli chef stellati che si vendono a marchi non dichiaratamente utilizzati nei loro stessi ristoranti sono da condannare e boicottare. Ricordate lo chef che confessò a *Report* di essere costretto a dichiarare di utilizzare il formaggio Grana Padano? Questi chef sono da considerarsi scarti della società a partire dal momento in cui il bilancio dei loro ristoranti dovesse far riscontrare, come spesso accade, ingenti perdite, coperte poi dalle sponsorizzazioni. Anni fa Veronelli introdusse il concetto di *giacimento gastronomico* che oggi si chiama *Presidio Slow Food*. L'azienda *Slow Food*, in virtù del proprio mandato di protettore dei presidi, dovrebbe divulgare, come da dichiarazione di intenti, le realtà gastronomiche virtuose e indipendenti nel mondo: ma, allora, perché negli uffici di accoglienza al pubblico, in fiere come *Cheese* o *Salone del Gusto*, imperversano sponsor come **Acqua Panna** e **San Pellegrino**, prodotti della multinazionale più denunciata e condannata al mondo? (*Essa avrebbe provocato la morte di 1,5 milioni di bambini per malnutrizione. La Nestlè incoraggia e pubblicizza l'alimentazione dal biberon fornendo informazioni distorte sull'opportunità dell'allattamento artificiale e dando campioni gratuiti di latte agli ospedali (in particolare negli ospedali del Terzo mondo), o "dimenticando" di riscuotere i pagamenti.*

*Oltre a questo la Nestlè è considerata una delle multinazionali più potenti e più pericolose del mondo. È criticata per frodi e illeciti finanziari, abusi di potere, inciuci politici, appoggio e sostegno di regimi dittatoriali. Ultimamente è stata presa di mira per l'utilizzo di organismi geneticamente modificati nella pasta (**Buitoni**), nei latticini, dolci e merendine.*

Intere aree di foresta vengono distrutte per far posto alle sue piantagioni di cacao e di caffè, dove si utilizzano pesticidi molto pericolosi (alcuni proibiti nei paesi industrializzati).

Ecco una lista completa dei marchi di proprietà Nestlè:
Acque minerali e Bevande: *Claudia, Giara, Giulia, Levissima, Limpia, Lora Recoaro, **Panna**, Pejo, Perrier, Pra Castello, San Bernardo, **San Pellegrino**, Sandalia, Tione, Ulmeta, Vera, Acqua Brillante Recoaro, Batik, Beltè, Chinò, Gingerino Recoaro, Mirage, Nestea, One-o-one, San Pellegrino, Sanbitter.*

Dolci, gelati, merendine: *Le ore liete, Cheerios, Chocapic, Fibre 1, Fitness, Kix, Nesquik, Trio, Kit Kat, Lion, Motta, Alemagna, Baci, Cioccoblocco, Galak, Perugina, Smarties, Antica Gelateria del Corso.*

Cacao, caffè e derivati: *Cacao Perugina, Nescafè, Malto Kneipp, Orzoro.*

Carne e pesce: *Vismara, Mare fresco, Surgela.*

Frutta e Verdure (anche sottolio e sottaceto): Condipasta, Condiriso, Berni, la Valle degli Orti.

Latticini e yogurt: *Formaggi Mio, Fruit joy, Fruttolo, Lc1.*

Olio e derivati: *Sasso, Sassonaise, Maggi.*

Latte in polvere: *Guigoz, Mio, Nidina, Nestum.*
(fonte: mediterre.net).

Panna e San Pellegrino, come già detto, determinano le classifiche dei *migliori ristoranti del mondo*, imponendo la propria arbitrarietà in merito. *Slow Food*, che dovrebbe promuovere un'economia virtuosa all'interno di *mondoristorante*, è assoggettato dunque alle sponsorizzazioni della Nestlè? Se sì, allora è da considerarsi **non attendibile** e **pericoloso**.

Inoltre, i ristoranti sponsorizzati dalle suddette acque devono essere combattuti e boicottati dal **Ristoratore Resistente**.

4) Il **Ristoratore Resistente** deve **essere un combattente**: faccia, **dell'uomo copertina** sponsorizzato dal *cibo spazzatura*, il suo nemico giurato.

Attenzione al **Capovolgitore** infiltrato nel sistema virtuoso, occultamente inglobato! Esso crea confusione nella mente del *prodottoconsumatore*, sostituendo i riferimenti virtuosi con altri prodotti. Ferran Adrià è sempre stato sponsorizzato ma, considerandosi al di sopra di *mondoristorante*, ha sempre trasmesso ai ristoratori, tra le righe, il messaggio di non seguire questo sistema. Ha inequivocabilmente dichiarato, prendendo le distanze dalla foltissima schiera di chef che si proclamano suoi allievi, che, in tutto il pianeta, ci sono al massimo 4 o 5 chef in grado di essere capostipiti di una nuova vera generazione di ristoratori. Schiere di chef, cercando di imitarlo, hanno di fatto, ripercorso nient'altro che una vuota sequenza di schemi mediatici legati alla necessità della propria sopravvivenza, ottenuta attraverso la divulgazione di *prodottisponsor* pedissequamente accettati, non scelti.

Da qui, lo chef con la patatina. Da Rocco Siffredi, degnissimo testimonial, allo chef stellato, oltraggio all'immagine di un intero movimento.

5) Il **Ristoratore Resistente** deve **essere Maestro** vero dei propri allievi e divulgatore virtuoso verso i propri clienti, senza eccezioni. In quanto Maestro, deve **praticare l'umiltà** e mantenere una **mente da principiante**, insegnando attraverso l'**Esempio**.

Parte Seconda

"Andare al ristorante"

Capitolo sesto
Media e Social

La ricetta del giorno: Modena-Tokyo, andata e ritorno (via Transiberiana)

Questo cocktail, detto anche MoTo (se pronunciato con accento su entrambe le *o*, vi sembrerà di parlare giapponese: trovandovi da Fratellini's, potrete dunque ordinarlo, al suo inventore, più o meno in questo modo: "òooooo, *Silves-t-ri San!* Un Mò-Tòoo, *geen-tìlmente!*) è stato inventato appositamente per il sottoscritto dal Barman Andrea Silvestri e rappresenta la summa dei cocktails secchi e sapidi, trascendendo, finalmente, nel *salato*. Se amate il Vesper e il Sidecar, se amate la parte di cocktail sul bordo del bicchiere del Margarita, e se odiate i cocktails dolci e zuccherati, vi trovate, senza dubbio, di fronte alla vostra bevanda perfetta.

Il Mo-To prende nome dai suoi ingredienti principali: l'aceto balsamico (via Emilia) e la salsa di soia (isola di Honshu). Il tappeto sonoro della base alcolica sarà delegato alla Vodka, rigorosamente russa. Si consideri, infatti che, partendo da Modena in bicicletta, si raggiungerà la stazione ferroviaria di San Pietroburgo, dove salirete sul treno per intraprendere un viaggio di oltre 9.000 chilometri e ben 157 fermate (tempo di percorrenza, 7 giorni), coprendo l'intera linea di confine italo-giapponese fino a Vladivostok, dove vi imbarcherete per Tokyo. Durante il viaggio vi procurerete la vodka. Non dimenticate però, di scendere dal treno anche alla fermata di Irkutsk, dove vi procurerete, al mercato delle spezie, cinque rametti di

Glycyrrhiza Uralensis, più comunemente detta Liquirizia Cinese, varietà, questa, a bassissimo contenuto di zuccheri e perciò fondamentale alla riuscita della ricetta. Ricordate che non sono ammesse, per questo cocktail, altre varietà di liquirizia che, per il loro grado di dolcezza, inficerebbero senza rimedio la riuscita della preparazione. Perciò, attenzione a non farvi cogliere dall'ubriachezza e da annessa nanna, nei pressi della Mongolia, sopraggiungendo alla suddetta stazione.

Arrivati a Tokyo, cercate lo chef italiano **Davide di Dio**. Se riuscirete a trovarlo, dovrete ora ottenere di farvi accompagnare al cospetto del grande maestro Koji Satomi, l'unico artigiano in grado di produrre la salsa necessaria al nostro cocktail. Essa è ottenuta quasi interamente da soia naturale, non OGM (badate bene, se sostituirete questa salsa, nel cocktail, con qualsiasi altra ottenuta da soia OGM, provocherete una catastrofe, aprendo un varco nel flusso spazio-temporale) con l'aggiunta di una piccolissima quantità di grano tostato. Ora, di Dio esigerà la **parola d'ordine** necessaria a ricevere udienza da Maestro Koji. Estraete dunque il foglietto di carta che avevate gelosamente serbato nel vostro portafoglio per molti anni. A suo tempo, avevate trascritto il motto che campeggiava sull'insegna del famoso ristorante Mosaiko, che fu gestito dallo chef fino al giorno in cui decise di auto-esiliarsi in terra nipponica per protesta contro il *mondoristorante* omologato italiano. Il motto sul vostro foglietto è la parola d'ordine stessa: leggete ad alta voce. Senza alcun dubbio, sarete ora ricevuti da Maestro Koji che, per un tempo indefinito, farà di voi ciò che vuole, costringendovi allo svolgimento di mansioni quotidiane atte ad abbassarvi la cresta, *tipo mettere la cera, togliere la cera.* Una volta riconquistata la vostra umiltà, Maestro Koji vi insegnerà a produrre la famosa salsa di soia biologica *Tamari,* la migliore di tutto il Giappone, riconoscibile per la colorazione molto scura e per l'aroma intenso.

Divenuti maestri di questa ricetta, non vorrete più tornare. Ma Maestro Koji vi ricorderà che avete un cocktail da portare a termine in Italia, rievocando il vostro senso di responsabilità. Con molto dolore nel cuore, intraprenderete, allora, il lungo viaggio di ritorno.

Di nuovo a casa, dopo molte peripezie, portate l'aceto di cinquant'anni, premiato dalla Consorteria col *Torrione* di *Filamberto*, insieme alla liquirizia cinese, alla bottiglia di vodka *Russian Standard Platinum* e alla *Tamari* prodotta da voi, al cospetto di Barman Silvestri.

Lontano dai vostri occhi, troppo indiscreti, il Barman mixerà gli ingredienti per produrre l'agognato drink, costatovi ben un anno della vostra vita *a mettere e togliere cera*.

Vi servirà ora il **Modena-Tokyo**, il miglior cocktail del mondo.

Esso è contraddistinto da una peculiare colorazione **tonaca di frate**. Al naso, regala note immediate di sali minerali termali, patchouli e liquirizia. Nella fase finale dell'inspirazione, profumo di acqua di mare cristallina, accompagnato da lievi toni di agrumi e sottobosco alpino, interminabile.

In bocca è secco, denso, di goudron. Poi, ancora, note di frumento tostato, croccanti. E ricordi di sapori lontani, di spezie esotiche, per tornare al finale: sapido, asciutto, lunghissimo.

Ingredienti

-Vodka Russian Standard Platinum
-Aceto Balsamico Dop "50 Anni" Cavalli Giuseppe
-Liquirizia cinese, radice
-*Tamari* fatta in casa con soia e grano bio

Preparazione

Segreta

Percentuali degli ingredienti

Segrete

Nota: dato che, in Giappone, dovrete farvi un *mazzo così* nell'apprendistato col Maestro Koji (inoltre anche l'esperienza del mercato delle spezie di Irkutsk non è propriamente ciò che si dice raccomandabile), vogliamo facilitarvi il compito: sappiamo bene che non avete trascritto la parola d'ordine sul vostro pezzo di carta, quando ne avete avuta la possibilità e sarebbe stato vostro dovere farlo. Quindi, tutto considerato, a fronte di un così lungo e impegnativo viaggio, vogliamo farvi dono, qui, della preziosa parola d'ordine segreta da riferire a chef di Dio quando lo incontrerete a Tokyo. La trovate più sotto e, ci raccomandiamo, non fatela vedere a nessuno.

Parola d'ordine segreta per entrare all'opificio clandestino del Maestro Koji Satomi:
no coriandolo, no party!
(dal ristorante Mosaiko, Parma 2006-2013 circa).

Media & Social: the fox and the cat...

Il periodo che va dal *boom economico* degli anni Sessanta fino ai primi anni Novanta è caratterizzato da una fiorente letteratura colta in merito al mondo enogastronomico in genere. È necessario far coincidere l'inizio di quest'epoca con la "scoperta" e la divulgazione, da parte di Luigi Veronelli, dei giacimenti gastronomici (poi ribattezzati *Presidi*, in epoca più tarda, dagli *slowfoodisti*). Già all'inizio degli anni Settanta si riscontra in atto una vera e propria rivoluzione agricola, seppur ancora silenziosa, in particolare nella viticoltura e nell'olivicoltura. Il coltivatore prende gradualmente coscienza di sé anche al di fuori dei confini geografici più celebrati (Piemonte e Toscana *in primis*) e della classe dei marchesati, fino ad arrivare, attraverso il progressivo raggiungimento di una embrionale omogeneità, a far sì che l'Italia superi la Francia e diventi il più importante produttore enoico del mondo, per qualità e numeri. Siamo ora alla fine degli anni Novanta, fase in cui gli Ornellaia e i Solaia fanno incetta di premi e conquistano il titolo di *Migliore vino del mondo*. In questa parentesi temporale, ogni singolo produttore di vino italiano, anche quando minuscolo, se sorretto da un bagliore di spirito imprenditoriale e da un pizzico di fortuna, riesce ad arricchirsi.

La ristorazione cammina di pari passo su questo percorso che va tracciandosi illusoriamente luminoso. È il trentennio della nascita dei grandi ristoranti italiani, come *L'Enoteca Pinchiorri* e *Dal Pescatore* prima, fino ad arrivare ai vari *Miramonti l'altro*, *L'Ambasciata*, *Don Alfonso*, *Arnolfo* eccetera, in seguito. Lavorare nel mondo del cibo e, soprattutto, del vino, in queste stagioni, è elettrizzante. Gli stacchi generazionali sono brevi; gli allievi dei grandi chef che aprono nuovi ristoranti hanno solo qualche anno in meno dei loro maestri. Il panorama enogastronomico italiano, nel suo divenire, è variopinto e trasversale. Assistiamo, poi, alla nascita dei primi Wine Bar e di un nuovo modello di *bistro*. Vecchie osterie e antiche trattorie di famiglia si riqualificano in luoghi di aggregazione colta. Prende vita una diversificazione armonica in cui è palpabile la continuità vibrazionale che lega la ristorazione di riferimento al locale più *smart*, lungo un itinerario che arriva senza intoppi fino agli albori della *Bistronomia*. L'interfaccia tra operatori e fruitori è virtuosa. Si stampano libri utili alla crescita di un movimento e si producono i primissimi interessanti *format* enogastronomici televisivi la cui declinazione, attraverso i neonati canali tematici, rende momentaneamente piena giustizia ai presupposti culturali fondanti dei decenni precedenti.

In questa Epoca Aurea del *mondoristorante*, il desiderio costante di conoscenza del ristoratore è fortemente alimentato dalle infinite opportunità di divulgazione nei confronti di un pubblico che, assetato di Sapere, e perciò naturalmente incline all'entusiasmo e al riconoscimento, genera un incessante stato di gratificazione nel ristoratore stesso.

Questa è l'età in cui giovani ristoratori partono per il Carso, o per l'Abruzzo, o la Valle d'Aosta, alla ricerca di altrettanto giovani e sconosciuti vignaioli consapevoli e spesso laureati (novità rispetto al passato), alle prese con i primi passi del rapporto con la propria terra. Tornare a casa con un vino nuovo, completamente sconosciuto, laddove le guide specializzate e i giornalisti non sono ancora approdati, in questa epoca, non è un'eccezione. Tornare a casa in possesso di un vissuto unico da poter ritrasmettere come una grande avventura che porta con sé un'amicizia vera, maturata *camminando le vigne*, non è ancora un fatto straordinario. Lo scorrere del tempo di questa era ha una frequenza ancora vagamente sintonizzata con l'essere umano e ospita, tra le altre cose buone, valenti critici gastronomici, discendenti diretti dei Gianni Brera e dei Gianni Mura.

Da fine anni Novanta a metà Duemila, si assiste a un periodo di transizione, in cui è nascosta una imponente operazione di manipolazione sociale senza precedenti, costituita dall'inseminazione genetica della continuità storica per mezzo delle tecnologie *smart* e dei sistemi di controllo economico ad esse connessi. Questi acceleratori di un cambiamento meticolosamente architettato, ma ancora non percepibile, coesistono con il consolidamento delle generazioni eredi dell'Epoca Aurea.

Il *mondoristorante* comincia segretamente a modificarsi, seguendo apparenti logiche evolutive. Infatti, esso cela in seno il gene modificante che, in un tempo di sviluppo brevissimo, manifesterà la propria epifania virale e, quando lo farà, sarà troppo tardi per poterne interrompere la crescita. Ma ciò che questa transizione, per il momento, esprime alla luce del sole, è catalogabile in una serie di avvenimenti più o meno virtuosi ma, perlomeno, derivati dai passaggi naturali precedenti all'innesto dello *smart system*. Per esempio, la *Bistronomia* viene codificata e fioriscono locali incentrati sulla divulgazione colta (il *Tabarro* di Parma su tutti) di materie prime e prodotti autenticamente *home-made*. Nasce un nuovo modo di usufruire della ristorazione che, sempre più, necessita di un'accoglienza trasversale. Il locale, per l'importanza sociale e culturale che ha assunto (quasi al punto di decimare qualsiasi altro tipo di intrattenimento serale) diviene il nuovo teatro, il punto di incontro per eccellenza, la vetrina d'elezione dedicata all'auto-esposizione del fruitore.

Il vero protagonista della scena, infatti, diventa gradualmente il cliente, attore di punta del contesto. È il periodo in cui nascono le catene *gourmet* e in cui la categoria dei novelli ristoratori è nutrita da una foltissima schiera di non professionisti provenienti dai più svariati settori lavorativi. Costoro, attratti dal *glamour* crescente intorno al *mondoristorante*, abbandonano evangelicamente tutto ciò che hanno per seguire le sirene di una nuova avventura. La liberalizzazione delle licenze gioca un ruolo fondamentale nel consolidamento di tale processo. Chiunque, ora, può aprire un locale e, di conseguenza, gli esercizi in genere, compresi quelli ben avviati, perdono valore. In compenso, la maggiore concorrenza fa da catalizzatore al miglioramento della qualità generale dei servizi, oltre a innescare un meritocratico processo di selezione naturale. Contemporaneamente, in seguito all'attenzione mediatica senza precedenti che si instaura intorno al *mondoristorante*, comincia subdolamente ad avviarsi il meccanismo della *glorificazione inglobata*.

Nascono scuole di cucina molto costose, i cui discutibilissimi programmi di studio sono strutturati più per affascinare i potenziali allievi che per prepararli all'eventuale futura esperienza professionale. **Si spettacolarizzano aspetti marginali del mestiere di chef o di sala che non hanno nulla a che vedere con la reale e complicatissima routine legata al lavoro vero sul campo.** Migliaia di appassionati (si fa per dire) vengono attirati nella rete della **glorificazione a pagamento.** Scevri di ogni consapevolezza di incarnare in realtà il *prodottoconsumatore*, costoro sono sottoposti al lavaggio del cervello glorificante, per poi essere riemessi, come schegge impazzite, all'interno del sistema *mondoristorante*. In definitiva si assiste alla creazione di un esercito di cloni, immatricolati secondo parametri funzionali all'alimentazione del sistema stesso.

Questi mostri, a rigore di logica, dovrebbero considerarsi anomalie ma, al contrario, rappresentano il nucleo consolidativo del sistema. Ovvero, chiunque abbia cucinato un risotto per tre amici, si sente autorizzato e qualificato a diventare chef o *foodblogger* professionista. Si sviluppano così, indisturbati da qualsivoglia minaccia di criticismo, che sia per opposizione politica o, perlomeno per pura contrapposizione filosofica, i vari paradossi *mondoalma* e affini o, ancor peggio, i prototipi del *mondorealityshow*. Compaiono i primi **cuochi superstar**, i quali, oltre che dalle stelle della guida rossa, sono supportati da importanti sponsorizzazioni, al pari dei campioni sportivi, e dall'**industria mediatica**; sono gli chef perennemente assenti dai loro ristoranti, perché in costante ricerca di ingaggi mediatici. È dunque questa l'epoca in cui si trama, sotto traccia, il sotterfugio del grande bluff ordito ai danni del *prodottoconsumatore*.

***

2018, oggi.

Gli ultimi sprazzi degli schemi obsoleti che hanno caratterizzato le precedenti epoche, sono considerati inservibili da quella nascente, che manifesta se stessa in un perfetto intreccio di meccanismi auto-referenti. *L'apparenza* conquista il campo. La **Qualità** (intesa in quanto procedente dalla natura della cosa in sé) retrocede agli ultimi posti della scala di valori del *mondoristorante*. L'inganno è compiuto giacché, paradossalmente, gli spazi fisici e virtuali, di cui abbiamo trattato, **simulano invece di essere esclusivamente destinati alla promozione della Qualità stessa**. Ma, di norma, più la Qualità è ostentata, meno questa è presente. Delle **Diversificazioni gastronomiche**, nonostante il *Grande Fratello Food* dia l'impressione di promuovere con forza le cosiddette territorialità e tipicità, si cominciano a perdere le tracce. Ne è chiaro esempio il successo (già ampiamente trattato) dei famigerati enologi alla Michel Rolland che, in sinergia con i giornalisti planetari alla Robert Parker, danno vita a veri e propri imperi basati sullo sfruttamento del *prodottoconsumatore*, precipitato, questo, nella necessità di una spossante sopravvivenza (travestita da glorificazione) garantita esclusivamente dall'alienante ritorno mediatico che è attivabile solo all'interno di quel deputato spazio inglobante e impenetrabilmente protetto dal già citato sorvegliatissimo recinto di **glorificazione confinata**. Innumerevoli fotocopie di questo schema scorrazzano per l'Europa, saccheggiandola delle sue proprie tipicità intrinseche. Il danaroso *gastronauta* russo, a questo punto, beve Latour come fosse Coca Cola; ciò perché, a livello di pura percezione, i significanti del pregiato vino costosissimo di Bordeaux e di Coca Cola sono investiti di sistematici criteri di assimilabilità.

Ordinare una bottiglia di Dom Perignon da **Mondo-Cracco** o una Coca alla spina da *MondoMac-Donald's* è sostanzialmente la stessa cosa perché il significante accomunante non è altro che **la necessità del *prodottoconsumatore* di documentare in tempo reale su Instagram la propria esperienza. La quale acquisisce validità soltanto se condivisa attraverso la foto social** (opportunamente modificata con l'aiuto di astuti coadiuvanti all'alienazione della realtà, ovvero i filtri necessari a fabbricare il *mood* del momento). **Il post che mostri nitidamente in primo piano l'etichetta dello Champagne esposto sul proprio tavolo nel ristorante del divo di Master-chef, o che dimostri inequivocabilmente la propria presenza e connessione alla presentazione, in contemporanea mondiale, del nuovo packaging per Coca Cola diviene dunque il fine ultimo del *prodottoconsumatore*.**

Questi infatti, incapace di vivere pienamente un'esperienza che non sia condivisa mediaticamente, è **mosso**, e gratificato al contempo, **in proporzione al grado di consenso dei propri follower** che, guarda caso, **è correlato**, per voluta coincidenza, con **l'obiettivo strategico del colosso stesso** (Louis Vuitton Hennessy, per esempio, proprietario di Dom Perignon, oltre che di tutti gli altri marchi più importanti di Champagne, liquori, gioielli e moda, o Coca Cola/Mc Donald's, in questo caso associati) che recita il **ruolo di oggetto della condivisione**. Ma, nella misura in cui i *like* del post crescono, significa che il *prodottoconsumatore* sta lavorando gratuitamente per Louis Vuitton o Coca Cola, promuovendolo commercialmente. Il successo social del *prodottoconsumatore* coinciderà dunque con il garantito successo commerciale dei brand. Inoltre, mentre, subdolamente schiavizzato, **il consumatore reclamizza a titolo gratuito tali marchi, simultaneamente ne acquista e consuma nientemeno che il correlato prodotto**, vedendosi **contraccambiato con una contestuale e immediata glorificazione**, pienamente sufficiente ad alimentare tale **depravato e inarrestabile meccanismo di scambio**. Un circolo vizioso così certificato che anche i rari fenomeni di appurata genuinità imprenditoriale, e dunque dotati di una **forza autonoma bastante a imporsi da sé all'attenzione mediatica**, e conseguentemente sul mercato (per esempio il progetto *TripleA* e altre lodevoli realtà) sono inevitabilmente fagocitati da tale meccanismo, non appena dimostrino di rappresentare una minaccia di inopportuno dualismo, la cui scaturigine sarebbe certificata, in conseguenza al progredire di tali fenomeni all'interno di un sistema endogeno e autosufficiente. In questo contesto, **per il ristorante** vero e proprio, quello con tavoli, sedie e tutto il resto, **decade lo stimolo alla ricerca del prodotto**, così come **scompare il movente del-**

l'attitudine a mantenere in vita il significato culturale e divulgativo del proprio relativo spazio esistenziale, concetto che solo vent'anni prima costituiva la base della ristorazione di Qualità.

Così si spiega, per esempio, perché in molti degli acclamati ristoranti odierni sia improbabile sfogliare la carta dei vini e imbattersi, se non per l'aleatorietà di rimanenze casuali, in riserve e annate antecedenti alle ultime quattro o cinque vendemmie. Tale sottinteso genere di investimento non è funzionale al sistema che, invece, è volto a favorire l'impoverimento culturale del cliente *prodottoconsumatore*, trasformandolo in fagocitatore seriale di esperienze a brevissima durata, e approntate al solo scopo di mantenere attivo il processo di scambio. Contemporaneamente, questa nuova specie di *metaristoratore* è esonerata dalle proprie responsabilità socioculturali, dato che comunque non dispone di tempo ed energie necessarie ad altro che non sia il meccanismo di sopravvivenza glorificante a cui è aggiogato. A ciò si annetta che, se il sistema *mondoristorante* agisce diabolicamente in questo senso, nondimeno il sistema fiscale vigente, architettato su misura per qualsiasi categoria commerciale e di piccola impresa, ricopre perfettamente il ruolo di agente carcerario, di guardiano del recinto e di potentissimo inibitore di ogni eventuale insorgenza di libero pensiero ed emancipazione filosofica e imprenditoriale in grembo al ristoratore/commerciante massificato.

Se interpretiamo dunque le carte dei vini odierne come sinossi paradigmatica della componente enoica del *mondoristorante* attuale, riscontrando prevalentemente etichette giovani, provenienti perlopiù da cataloghi commerciali onnicomprensivi e monopolizzati dai colossi del sistema, accostati talvolta da aziende minori, a cui è concessa un'esistenza sulle rotte di una navigazione controllata, ricaviamo prove insindacabili delle dinamiche esposte. Le carte di molti ristoranti rappresentano dunque una testimonianza scritta di impoverimento culturale e il ruolo di sommellier (che in epoche meno oscure impersonava il guru indiscusso al servizio del libero consumatore) risulta drasticamente indebolito.

Il *mondoristorante*, a motivo dell'unico e trogloditico bisogno di glorificazione sociale del *prodottoconsumatore*, non necessita più, come in passato, di alti profili professionali e, qualora non volesse privarsene, non potrebbe permetterseli a causa dell'immediato intervento ritorsivo del sistema censorio di controllo fiscale (**sommellier stagisti nei ristoranti stellati**, di cui si è ampiamente trattato). Allo stesso modo, l'industria del vino ha integrato velocemente la configurazione strategica in virtù della quale **gli investimenti su *marketing*, *packaging-positioning* e comunicazione surclassano quelli destinati a ricerca, sviluppo e realizzazione di prodotti di Qualità**, la cui tendenza al ribasso è eclatante, non troppo sorprendentemente, soprattutto in riferimento al prodotto costoso e tradizionalmente prestigioso (che dovrebbe essere depositario di garanzia di qualità).

Siamo dunque precipitati nell'**abominevole paradosso dell'era presente**: se da una parte può capitare di imbattersi per pura fortuna, tra i pochi sparsi per l'Italia, in un **Oste Resistente** come Virgilio che, in quanto custode storico della civiltà legata al mangiare e bere, sarà in grado di condurci attraverso un'esauriente esperienza enofila e gastronomica, dall'altra possiamo essere comprovatamente certi che, nella maggior parte dei templi della ristorazione italiana, incontreremo meri prestatori di servizio, allineati alla soglia di mediocrità richiesta dal *mondoristorante* ufficiale. Da un lato, operatori pluridecorati che, pur annoverando, nel curriculum, importanti attestati di scuole specializzate, prestigiosi stage, nonché spesso diplomi di laurea, non sono in grado di fornire altro che prestazioni poco meno che ordinarie (potremmo anche citare senza timore casi estremi di famosi ristoranti pluristellati che schierano spudoratamente, a gestione di presunte prestigiose sale, non più che giovani stagisti ignari dei prodotti che maneggiano, scevri non solo del più tenue interesse culturale, ma anche e spesso della proprietà della lingua italiana). Dall'altro lato, infatti, eccoci perlopiù di fronte a giovani innocenti mandati allo sbaraglio senza un titolo e senza aver mai letto un libro, completamente all'oscuro non solo di chi siano i grandi precursori da me più volte citati, ma anche, addirittura, della semplice differenza che passa tra un Chianti e un Barolo (impossibile qui, non rivolgere un pensiero rabbioso anche alla Scuola Italiana, che non insegna più la geografia) o tra un formaggio d'Alpeggio e un formaggio pastorizzato. Informatissimi, in compenso, costoro, sulle biografie e sulle storie social dei vari Borghese, Barbieri, Canavacciuolo, Bastianich e compagnia bella.

L'operatore Ipersocial, in conclusione, si addice naturalmente al *mondoristorante*, incarnandone, va da sé, il sottoprodotto fisiologico; l'accelerazione percettiva, contraddistinta dall'introduzione di protesi tecnologiche, ha avviato un processo irreversibile di trasformazione delle dinamiche sinaptiche nell'individuo standard che, pur rappresentando un prototipo dell'uomo del futuro, almeno attualmente è penalizzato dall'effetto collaterale di percepire il tempo come **un eterno presente fine a se stesso**, in cui le esperienze, anch'esse fine a se stesse, si dissipano al tramonto, senza lasciare traccia al risveglio del giorno dopo. Come se **la storia antecedente all'irruzione dell'epoca ipersocial fosse una labile immagine sfuocata, del tutto priva di un ordine consequenziale, e il futuro** nient'altro che un'astrazione non contemplata, dato che l'unico tempo percepito è un presente dilatato, ripetitivo e non causato, né causante. L'operatore Ipersocial, dunque, si auto-percepisce come perfettamente sintonizzato con il mondo con cui interagisce, in quanto si confronta esclusivamente con parametri proiettivi soggettivi e **non dispone di strumenti funzionali a elaborare dati rilevabili esclusivamente nel campo delle cause efficienti concatenate,** opportunamente occultato, questo, dal sistema di smaltimento *smart*.

La televisione, rispetto al *mondosocial,* è un mezzo di comunicazione destinato all'obsolescenza (molto più della radio), se non fosse per l'autarchia generata dalla trasmissione in diretta di eventi globali di sport, spettacolo, attualità e cucina.

Fare cucina in TV ha sempre generato ascolti e attirato sponsor: quando ero bambino, a casa mia, ricevevamo sette canali principali e un numero indefinito di *TV Private* (allora si chiamavano così). Spesso si guardava *Telemontecarlo,* dato che mio padre adorava il tennis e le telecronache di Lea Pericoli. Mi ricordo bene quel canale perché tutte le sere, prima di cena, ci incollavamo allo schermo per seguire l'Oroscopo con la colonna sonora di Stephen Schlacks: la canzone era Casablanca. E poi, perché non perdevo una sola puntata del programma di Wilma de Angelis. La ascoltavo incantato mentre, con i suoi modi affabili, raccontava ricette che mi chiedevo se anche mio papà fosse stato in grado di esporre così gradevolmente.

Ma anche se mio padre non possedeva certo la morbidezza di Wilma, fu protagonista di tante trasmissioni di cucina prodotte dalle televisioni regionali di quel periodo. Le TV private di allora trasmettevano cartoni e telefilm tutto il giorno, salvo produrre, in redazione, un breve TG e, immancabilmente, un programma culinario. Ricordo bene quando arrivò tutta la *troupe* al ristorante di mio padre per girare le sette puntate di *Una ricetta al giorno*. Era un vero spiegamento di forze perché tenevano molto alla realizzazione di un programma curato nei particolari. Mio papà spiegava una ricetta, ne raccontava la storia. Poi si metteva ai fuochi e la faceva vedere tutta, senza tagli di montaggio. Infine, la serviva a qualche ospite illustre che doveva giudicarla, aggiungendo informazioni sul territorio e sulla sua storia gastronomica. Ricordo che chiamarono, a fare lo *special guest*, il prete del paese, Don Italo Miodini che, preso da eccessivo entusiasmo da ripresa televisiva, si mise a raccontare di come la grappa di Maiatico fosse in grado di guarire l'ulcera, se assunta nelle rigorose dosi di almeno tre bicchierini al giorno. E poi il, non certo astemio, sindaco. E il viticoltore Celso Salati, che produceva, senza saperlo, un'antesignana Malvasia biologica e parlava solo dialetto maiaticese stretto.

La *cucina*, in TV, tirava già allora così tanto da riuscire a raccogliere sponsorizzazioni dagli introiti, sconosciuti a qualsiasi altro tentativo di *format*, e in grado, da sole, di mantenere in vita le piccole TV locali.

Ci sono voluti vent'anni di percorso attraverso le successive epoche descritte più sopra e contraddistinte da innumerevoli *prove del cuoco* e *ricette del giorno*, per arrivare al contenitore **omologante**, il *mondoristorante* di oggi, che, come un'inarrestabile macchina da guerra, mitraglia a tappeto le piattaforme mediatiche con i vari *Masterchef, The Chef, Diventa Chef, Hell's Kitchen, Cucine da incubo, La mia grossa grassa cucina, Le ricette di Natale, I menu di Benedetta, Il pranzo della domenica* e anche **4 ristoranti**.

4 ristoranti

Quando la redazione di Sky contatta il mio locale, Mentana 104, con lo scopo di farlo partecipare alle selezioni sul territorio per **4 ristoranti** (puntata sulla *Via Emilia, la pasta fresca*), mi sento, sul momento, felicemente avvalorato. Questo perché, pur avendo intravisto solo un paio di puntate, ho subito notato come questo *format* si distacchi nitidamente da tutti gli altri programmi di cucina: l'abituale mera spettacolarizzazione da puro intrattenimento lascia il posto alla declinazione di un soggetto virtuoso, in cui lo spettacolo è corroborato dall'attuazione di meditati principi di imprescindibile rispetto per il mestiere di ristoratore (così l'insistenza del conduttore a premiare l'utilizzo di cibi freschi e di materie prime veritiere), nonché dall'assoluta assenza visiva di subdole sponsorizzazioni (abolita l'esposizione di qualsiasi marca, in cucina e sulle tavole). Poche semplici accortezze rendono **4 ristoranti** un esempio di impiego retto dello strumento mediatico altrimenti distorcente e spesso mortificante.

Mi propongono un'intervista preliminare via *Skype*, che accetto, riservandomi di visionare con attenzione qualche episodio, poiché, nonostante l'iniziale sensazione di gratificazione per la candidatura, devo chiarirmi, soprattutto, se partecipare possa realmente giovare alla nostra vita.

Guardo attentamente un paio di puntate insieme a Marina. Poi andiamo a cena da Alfione (ristorante a Parma, consigliato) per parlarne in relax, mentre mangiamo una cotoletta alla milanese gigante con l'osso, la mayo buona e le patate fritte.

"È una cagata!", sbotta, "io sono contraria, non voglio farlo".

La capisco: "Perché andarsi a impelagare, *mettersi in*

piazza davanti a milioni di persone, per poi farsi magari *sputtanare*, alla fine di tutto?", commento.

"Noi non ne abbiamo bisogno", insiste lei, "fallo con un altro dei tuoi locali! Cosa se ne fa il 104 di una visibilità così vasta che, poi, attirerà gente piena di aspettative, che poi diventerà un lavoro extra per noi... che poi... che poi...".

"È il Mentana che vogliono, tesoro, non un altro dei *miei locali*", preciso.

"Ma vaaaa, vogliono te, sei tu il *social*...", ribatte lei.

"Senti", riprendo, "hai visto anche tu com'è: non male. È un programma veloce, ha un bel ritmo. Si esaurisce in una sola puntata. Presentano bene il locale e, soprattutto, presentano con verità e giustizia il mestiere del ristoratore, e questo, oggi, nel mondo in cui viviamo, è un fatto molto importante. E Borghese, poi, è simpaticissimo: *ora daremo il voto a llllllllochéssssscccion* - faccio l'imitazione del condut-tore - *serrrrrrrvizzzzio, kònto e mmmmenù! Lla vostra cusscina? Mmmi piasce. Infatti, vi ho dato: dièsci! Abbiamo speso: sssccento euro tondi ttondi! Troppo? Troppo poco? Ora darò il mio voto, che potrà confermare o rrrrrribbbbaltare kompleta-mente la situazione!*".

"Smettila di fare lo scemo - tuona seria - noi, tra l'altro, siamo un *bistrot*, eterogeneo, indipendente e libero. Non un ristorante tradizionale di pasta fresca".

"Ma facciamo anche quella, no?".

"Sì, ma non è quello il punto".

"E qual è, allora?".

"Senti - conclude, lei - fa' come vuoi, ma lasciami fuori da questa storia".

"Fino a quando non ci avranno scelto. Poi vedremo", prometto minaccioso.

In verità, durante i mesi che trascorrono tra il giorno della prima intervista preliminare (a cui segue un provino dal vivo) e quello in cui ci comunicano di essere i prescelti sull'area di Parma e Piacenza, trascorro molto del mio tempo a riflettere sul vero motivo per cui una parte di me fosse certa di voler partecipare allo show, a prescindere dai miei interessi personali e da quelli della nostra stessa azienda.

Perché, fin dal primo momento in cui si è presentata l'eventualità di partecipare a un programma, l'unico programma virtuoso (l'unico a cui parteciperei e avrei partecipato a priori, per la sua natura) seguito da milioni di persone, comincio ossessivamente a chiedermi: "se tu, Luca, potessi parlare a due o tre milioni di persone contemporaneamente, che cosa vorresti dire loro?".

Dapprima mi rispondo che, nel mio lavoro quotidiano, seppur coadiuvato dall'utilizzo *perbene* dei social, in una vita intera non potrei mai raggiungere un numero così grande di *prodotticonsumatori*, come in soli 45 minuti di programma TV. Comincio a riflettere, allora, sul fatto che mi si stia presentando un'occasione unica per lanciare messaggi, divulgare cultura, provocare stimoli e reazioni, trasmettere qualcosa di importante, che renda **onore** al mio mestiere e sia, allo stesso tempo, di grande utilità al consumatore. Decido allora, per farmi trovare pronto qualora mi scelgano, di iniziare ad appuntarmi tutto quello che vorrei dire, ogni cosa che penso sia giusto e doveroso trasmettere a tutti coloro che frequentano ristoranti. Inevitabilmente, comincio a scrivere questo imprevisto libro. E dandogli vita un po' ogni giorno, prendo coscienza di come ai miei clienti affezionati, perfino a quelli che mi seguono da sempre e che, forse, sono venuti centinaia di volte a cena da me, spendendo tantissimo denaro e condividendo con me i loro momenti più importanti (le cene d'amore, quelle del primo amore. I compleanni. I battesimi. I matrimoni. Gli incontri di lavoro importanti, quelli in cui ci si gioca la carriera. Ma anche, semplicemente i loro momenti più gioiosi; la loro ricerca stessa, forse, della felicità), non abbia avuto il tempo, o la prontezza, o la voglia, alle volte, o il coraggio, di trasmettere nemmeno una piccolissima parte di quello che sto scrivendo e che avrò, mi auguro, la possibilità di dire, ora, in uno solo colpo, ai milioni di persone che mi vedranno su Sky.

Scrivo e mi entusiasmo al pensiero che, finalmente, tutti possano sapere chi siano stati Gino Veronelli e mio padre, o chi siano e cosa rappresentino Diego Sorba, Sandro Levati, Virgilio. Mi chiedo come poter descrivere l'emozione di bere un caffè di Gianni Frasi o un vino di Kristancic. Mi persuado del fatto che tutti debbano sapere come abbiano amputato il mondo del vino. A tutti vorrei, con amore, trasmettere la forza di conoscere, di arricchirsi, di vivere meglio.

Scrivo ininterrottamente. Mi appunto tutto ciò che penso sia utile dire al mondo in quei 45 fatidici minuti di visibilità globale.

Mi dico che quel sistema mediatico, che cerco di decodificare con fatica mia e del lettore, in questo libro, lo sfrutterò, mimetizzando sagacemente, nei suoi meccanismi, i messaggi più virtuosi che riuscirò a elaborare.

Riguardo ancora una volta, con la massima attenzione, gli episodi di **4 ristoranti** e mi convinco del fatto che il montaggio finale ridurrà a pochi isolati scampoli, perlopiù funzionali alla trama narrativa dello show, le mille cose che dirò sul set. Vorrei, allora, poter avere il tempo di codificare i miei messaggi in una sorta di compendioso *Voyager Golden Record* della ristorazione e lanciare questa bottiglia nell'oceano dei consumatori, sperando di arrivare al maggior numero possibile di individui.

Purtroppo, mi rendo conto, non ho questo tempo, né la capacità, invero, di generare tale impresa.

Ma non importa. Andrò dritto per la mia strada. Sfrutterò ogni minimo istante per divulgare i messaggi inerenti il *mondoristorante* che reputo importanti, fondamentali.

Spero, poi, che il confronto con gli altri ristoratori partecipanti allo show (come pure quello col conduttore Alessandro Borghese e, non ultimo, quello con gli autori) possa essere virtuoso e sinergico col mio scopo. Devo distaccarmi con intransigenza dal pretesto attrattivo dello show stesso, ovvero il gioco della competizione.

Devo trascendere le tentazioni che solleciteranno in ogni modo il mio piccolo ego e la sua vanità e rimanere inflessibilmente legato al mio unico obiettivo: **far vincere la cultura**.

Scrivo, e divento, col passare delle settimane, sempre più uguale a quello che sto diventando, come l'**osso verde morto del chicco di caffè** di Gianni Frasi; mi sto trasformando in quello che, mentre scrivo, comincio a chiamare il **Ristoratore Resistente**, divulgatore senza compromessi.

Arriva, alla fine, la comunicazione: siamo stati selezionati.

Essere scelto per questo show rappresenta, per me, il conferimento della mia τιμη da parte della società, l'Onore, al termine di un percorso.

Ora mi trovo di fronte alla realtà. Quello che è stato, inizialmente, lo stimolo a intraprendere il mio cambiamento definitivo (ho addirittura rinunciato, nel frattempo, a gestire i locali di mia proprietà che non fossero allineati con quello che per me è divenuto, a tutti gli effetti, un mandato) **diventa reale possibilità, e responsabilità, di fare la differenza**, come direbbe Ales.

Il dado è tratto: comincio a interfacciarmi con i registi e i produttori del programma. E capisco subito che il mio compito non sarà facile. Lo show deve seguire certi schemi. I concorrenti partecipano per vincere e, a volte, si comportano slealmente.

Mi dico ancora una volta di camminare diritto sulla strada tracciata.

Intuisco che uno dei criteri per cui si viene selezionati a **4 ristoranti** è l'indice di presenza sui social; immagino che tutti i concorrenti, a loro modo, siano utilizzatori del sistema social inglobante e glorificante (perciò individui mediaticamente attivi, seppur secondo il rispettivo e diversificato livello culturale, presumibilmente correlato, quest'ultimo, alla qualità del loro follower medio, che rappresenterà un importante fattore di condizionamento dei loro comportamenti).

So, altresì, che sarà difficilissimo trovare le occasioni e i momenti giusti per attuare il mio piano di divulgazione, date le linee schematiche del palinsesto. Realizzo, allora, che l'inaccessibile complessità del contesto potrebbe impedirmi sistematicamente, contrariamente ai miei sogni, l'innesto di messaggi avulsi dallo show.

C'è un'altra via però: ciò che avrei voluto dire, posso esserlo. Posso incarnare il mio pensiero e posso, attraverso ogni parola, ogni gesto, ogni considerazione, seppur ineccepibilmente contestualizzati allo show, essere funzionale al mio progetto. Mi basterà essere vero.

Prima di iniziare le riprese di **4 ristoranti** dunque, fisso i miei due obiettivi:

1) Fare in modo che Alessandro Borghese conferisca un voto alto, il migliore possibile, alla mia cucina; mi servirà per consolidare la credibilità del mio personaggio presso il pubblico.

2) Essere me stesso in ogni momento sul set, dentro e fuori dalle riprese, senza fare calcoli sul prezzo del rischio (la sconfitta?): la mia missione, infatti, non ha prezzo.

Il primissimo ciak, però, mi ribalta nel tempo al giorno del mio sfortunato esordio: il giorno di *Chichi*.

Come allora, mi trovo di fronte all'imponderabile verità dell'imprevisto, ovvero l'imprevedibilità oltre a tutto ciò che, di imprevedibile, avevi provato a prevedere. Innanzitutto, due dei concorrenti sono amici, fatto mai riscontrato prima nello show. E, in secondo luogo, ostacolo non da poco questo, gli *amici* sono i due Reggiani che, scopro con grande sorpresa, hanno intenzione di giocare tutte le loro carte scatenando un campanilismo (da me, ingenuamente forse, mai percepito, né vissuto prima d'ora, in ambito civile e sociale) da campetto parrocchiale contro il rappresentante della parmigianità, vale a dire il sottoscritto. Già dalle prime battute, essi cercano di trascinarmi sul campo di battaglia dei luoghi comuni: sul fatto che i Parmigiani siano fighetti che fanno cucina *fighetta*. E, ancor peggio, che siano *finti*, al contrario dei Reggiani, rustici ma veri, campagnoli ma sinceri.

Nel mio sgomento, scopro appellativi, che non avevo mai sentito prima d'ora, come *bàgolo* (epiteto estremamente offensivo il cui significato - *bugiardo* in italiano - sarebbe connesso all'attitudine del Parmense a essere un ingannatore, un fraudolento, un impostore), con il quale vengo continuamente apostrofato dai due Reggiani a telecamere sia accese che spente.

A questo punto mi rendo conto che, non solo non potrò disporre di valide interfacce alla realizzazione del mio progetto di divulgazione mediatica **resistente**, a motivo del loro, già previsto, ristretto interesse per il premio finale dei 5.000 euro, ma che dovrò anche dilapidare molta energia destinata ai miei propositi, per difendermi inutilmente da un'alleanza aberrante tesa a ottenere la vittoria, screditando il più possibile la mia attendibilità umana, ancor prima che professionale.

Il quarto concorrente, il modenese, è avulso da questo *due contro uno* innescato dai Reggiani: si capisce, fin da subito, infatti, che il suo ruolo in battaglia sarà marginale. Credo siano certi che, una volta soppresso il sottoscritto, non sarà un problema metterlo fuorigioco, per poi disputarsi tra loro, al *fotofinish*, la vittoria finale.

Prendo atto, da perfetto **resistente**, degli schieramenti in campo e rimango incrollabilmente in corsa sul mio binario: ho deciso di essere liberamente me stesso e di comportarmi, nonostante le telecamere, come il Luca che cena al ristorante in una serata normale, sfruttando ogni occasione per lanciare al pubblico il maggior numero possibile di codici di decriptazione del *mondoristorante* (lo farò ogni volta che mi capiterà di poter parlare di acqua, caffè, olio, carne, farina, pane, verdura, pesce e tutto il resto, a prescindere dagli sgambetti da dietro da cui dovermi guardare). Quanto ai due Reggiani, lascerò che si concentrino sulla vittoria, in modo da evitar loro il più possibile di intralciare il mio piano, anche se decido, fin dall'inizio, che li mortificherò senza scrupoli, quando saranno miei ospiti, così come mortificherei qualsiasi cliente che non volessi mai più vedere a cena nel mio ristorante.

Sono, in effetti, così infastidito da questa messinscena del *fighetto* e del *bàgolo* che l'unico modo per riuscire a ritrovare la centratura necessaria ai miei scopi, è quello di promettere a me stesso di concedermi uno spazio per la vendetta, prima che la tentazione (questa, sì, prevista) si presenti puntuale a sollecitare il mio piccolo ego, facendomi sbottare così da rovinare tutto: "Questi non fanno che parlare di *Selecta*, dei prodotti *fighi* che usano in cucina, di quanto siano costosi e del fatto che siano gli stessi utilizzati anche da Cracco, Barbieri e bla bla bla. Bravi i miei pappagalli ammaestrati del contenitore omologato/omologante di *mondoristorante*! Ma che cavolo danno del *fighetto* a me, questi? Io mi faccio il culo, come faceva mio padre; le acciughe vado a prendermele personalmente in Cantabria e il baccalà in Galizia, *fighetto* io! E *bàgolo*! Io mi sbatto, *Reggianodimmerda*! Il tuo ristorante c'ha una porta da negozio di gioielli che vale come il mio, di ristorante, ma tutto intero! *Fighetto* a me? E allora, tu: capra! Capra! Capra!".

Ma, con grandissimo sforzo, mi trattengo. E continuo a sorridere. Ciò che accade in seguito lo hanno visto alcuni milioni di persone, perciò sarebbe pleonastico dilungarmi.

A cena dalla Reggiana tengo una condotta ineccepibilmente identica a quella che avrei tenuto in qualsiasi altro ristorante, in qualsiasi momento della mia vita. È forse colpa mia se il bicchiere sa di armadio?

Il *prodottoconsumatore* deve sapere che il vino è una cosa seria e che è mille volte meglio berlo nella coppa mezza frantumata, ma neutra al naso, di Aureliano Fuciletto a casa di Walter Massa, piuttosto che in un *Riedel* di cristallo da venti euro che ha preso l'odore della vernice interna, *anti-tarlo*, del mobile in cui è stato riposto. Io annuso sempre i bicchieri che trovo sul mio tavolo apparecchiato al ristorante: devono essere perfettamente inodore.

Veniamo allo *scandalo* del brodo: lo trovo, semplicemente, molto leggero e mi ricorda vagamente le minestrine che mi faceva la mia mamma da piccolo, quando mi ammalavo e lei, dovendo improvvisare un brodino al volo, usava un dado vegetale (preciso che il *dado*, se fatto in casa, con ingredienti naturali e senz'aggiunta di glutammato, è un prodotto d'eccellenza dell'alta cucina; lo stesso Paul Bocuse ne ha codificato ricette). Scevro di malizia, definisco, allora, *dadoso* il brodo della Reggiana, non senza omaggiare la folta schiera dei nuovi candidati aggettivi con desinenza in *-oso*, incoraggiati dall'elasticizzante modernizzazione dell'Accademia della Crusca. Lei s'infuria ma, quando mi trascina in cucina belluina, mi mostra un brodo a base di solo sedano e cipolla che certamente non sconfessa l'affidabilità dei miei ricordi d'infanzia.

In questa schermaglia, l'altro *amico* Reggiano fa lo spettatore furbo furbo, zitto e sornione. Io assegno comunque voti altissimi alla Reggiana, poiché le mie sono solo semplici annotazioni di percorso, del tutto ininfluenti ai fini del giudizio complessivo della mia cena. Per lei sono, invece, inaccettabili affronti che le offrono i perfetti pretesti strategici quando la competizione si sposta nel mio ristorante: la vedo fare l'ispezione nella mia sala mentre, proprio lei che ha un ristorante che pare una galleria d'arte progettata da Frank Lloyd Wright, si liscia le mani e sbatacchia le nocche sui tavoli e le sedie degli anni Trenta e Quaranta dei miei bisnonni e sui lampadari originali degli anni Cinquanta dei miei nonni.

"Tutta roba finta da *fighetti*, tutta apparenza costruita per *fighetti*, roba da *nightclub*" commenta astiosa, anticipando i suoi intenti bellici.

Rivolgo un pensiero di venia ai miei poveri avi e mi preparo a far pesare, senza filtri, le mie materie prime inarrivabili, avvalorate e sottolineate (quanto naturalmente la mia scortesia) da Alessandro Borghese che mette altresì in guardia, più volte, i due *amici* dall'insistere su sistematiche critiche tecnicamente e oggettivamente errate, fossero anche premeditate. A Borghese la mia cucina: *piasce!*

Primo obiettivo raggiunto.

Tornando alla mia scortesia, quando il Reggiano mi chiede cosa significhi la dicitura sul mio *menu*, riferita al prosciutto, *stagionatura inarrivabile*, gli rispondo: "prova a dirmelo tu?".

È il momento topico dello show: i due *cugini tristi* (così chiamiamo i Reggiani a Parma) replicano pronti, come veri attori navigati, inscenando una faccia più che oltraggiata, devastata dal vilipendio, come se avessi crudelmente ucciso il loro animale domestico preferito davanti ai loro stessi occhi, lasciandoli così ammutoliti e paralizzati.

La Reggiana, a questo punto, può scatenarsi con la sua sequela di *tre* e, soprattutto, il *due* assegnato al mio servizio.

Ma non è, forse, similmente, secondo questi parametri, un grave oltraggio servire al sottoscritto un **culatello** (*Era come se un re geloso decidesse di aprire il proprio forziere per mostrare il suo miglior tesoro a un re straniero, tributandogli così il grande onore che mio padre, re di collina, rivendicava pericolosamente senza eccezioni. Ci si sedeva dunque intorno a un tavolone di legno massiccio e una specie di* **sacerdote** *col grembiulone e le maniche della camicia arrotolate procedeva alla svestizione del culatello, per poi dividerlo. Se l'esemplare era "quello giusto", in pochi istanti la grazia si diffondeva nella stanza, come le prime note di un'arpa, e mio padre si lasciava scappare un sorriso che nascondeva repentino dietro i baffi, per non tradire l'emozione e mantenere così invariato il prezzo già precedentemente combinato),* di non ben definito produttore, lessato dai crostini bollenti che lo ricoprono e imbrattato, anzi affogato in una specie di panna montata? Questo scempio, quand'anche servito con la massima gentilezza (non certo riservata a un *bàgolo* come me) meriterebbe, non solo il voto *zero*, ma anche la pretesa, da parte mia, di una professione di vergogna da parte del somministrante, ancor più reo in quanto aspirante a una vera τιμη.

Mi limito, invece, a commentare, a favore del *prodotto-consumatore* medioitalico che non conosca il culatello, che questo prodotto pregiatissimo deve essere degustato in purezza e che l'imbrattamento non è tollerabile, non solo in questa situazione ma nemmeno, per esempio, in una paninoteca di terz'ordine.

Manca ancora il colpo di scena finale: lo chef Reggiano arriva al tavolo in persona, con gli occhi lucidi, e appoggia a centro tavola un piatto fumante di cappelletti in brodo, enunciando commosso il motto fondante, la pietra filosofale della sua arte culinaria: *mangiare è anche emozione* (ma va? Allora perché non aggiungere che *i tramonti sono belli*, che *la Juve paga gli arbitri*, che *di mamma ce n'è una sola* e che *Gianni Morandi non invecchia mai?*). La chef Reggiana scoppia in lacrime e singhiozzi con la scena che si chiude mestamente a baci e abbracci, mentre il modenese e io, seduti e col cucchiaio in mano, ci guardiamo allibiti.

Ora mancano solo le dichiarazioni dei voti finali, con quello del conduttore che potrebbe confermare o *ribbaltare completamente la sittuazzzione*.

Io so, ovviamente, di essere stato severamente punito, salvo che dall'onesto Raoul e che i giochi si sono messi in modo, come da mio pronostico, che i due *amici* si possano contendere la vittoria. Dopo l'obbrobrio del culatello e l'angosciante commedia dei *cappelletti & lacrime*, non nascondo che avrei una gran voglia di andarci giù pesante col Reggiano: potrei affibbiargli una bella sequenza di *due*, più uno *zero* per il culatello, e cacciarlo in fondo alla classifica dove si meriterebbe di stare ma, primo: se così facessi, farei vincere la sua antipaticissima *amica* a cui assegnai, con inavveduta innocenza, voti stratosferici (alla luce del successivo svolgimento della competizione), impedendo così perfino al conduttore di *rribbbaltare completamente la ssitttuazzione*.

Secondo: alla resa dei conti finale, il conduttore pretende che, chi abbia assegnato voti molto bassi, li sappia argomentare e giustificare. Beh, io sarei certamente lieto di argomentare un mio filotto di sacrosanti *due*. Accadrebbe, però, a questo punto che, se il conduttore mi chiamasse in causa per spiegare i miei voti negativi, rischierei di consumare il tempo e le parole a me dedicati in un gratuito confronto numerico, compromettendo la conferma del mio primo obiettivo, ovvero l'encomio per la mia cucina, necessario al suffragio definitivo della credibilità della mia condotta. Inoltre, farei la figura dell'astioso. Anche questa gratuita.

Al contrario, so che qualcuno dovrà spiegare i votacci che mi ha affibbiato, e sarà a quel punto che Borghese dovrà, a sua volta, contraddirlo, esprimendo le sue lodi per me.

Rinuncio, dunque, anche a quest'ultima tentazione di essere ago della bilancia e, come da intenti, rimango estraneo alla contesa e assegno un *en plein* di *sei* politici al mio avversario Reggiano, un po' come quando, nel *baseball* si regala la base intenzionale, per poter far scattare la trappola del *doppio gioco* al turno del battitore successivo.

Quando sveliamo i voti finali, i due Reggiani si trovano in testa, appaiati, a 69 punti. Se avessi dato tre *due* e uno *zero* al Reggiano, egli si troverebbe ora a 51 e nessun *ribbbaltone* potrebbe salvarlo, né togliere la vittoria alla sua amica. Io rimango in assoluto, religioso silenzio.

"Che voto hai dato alla *llochéscion* di Luca?" chiede Borghese alla Reggiana.

"Non... non ricordo" risponde lei tutta dimessa.

"Ah, non ricordi? Te lo dico io allora: gli hai dato *quattro*. E al *sssserrrrvizzzio*?".

"Non so, non ricordo, forse..." sempre più dimessa.

"Hai dato *due*, te lo ricordo io".

"E, dimmi, che voto hai dato alla cucina di Luca?".

La Reggiana risponde con un filo di voce e Borghese la aiuta di nuovo a ricordare il suo voto, aggiungendo che, se ci fossero state altre categorie da giudicare, sarebbero probabilmente arrivati anche gli *uno* e gli *zeri*. A questo punto, Alessandro Borghese si gira verso di me e, giocando sul pathos che si è appena creato, esclama con fermezza: "Luca, invece io, alla tua cucina ho dato *otto*!".

Primo obiettivo raggiunto e confermato.

Questo attestato di stima, l'unica, dichiarata apertamente dal conduttore, conferisce, a posteriori, al mio operato complessivo, fatto di piccole e brevi annotazioni, analisi e riflessioni riguardo al cibo e alla figura del mestiere di ristoratore, l'attendibilità mediatica necessaria anche a legittimare le mie **critiche** su bicchieri e servizio del vino, sul culatello e materie prime.

Secondo obiettivo raggiunto e confermato, dunque: ho ricevuto la τιμη da Borghese, riuscendo a parlare di materia prima e di amore per la verità con coerenza, a costo di essere antipatico.

Questo deve considerarsi, a tutti gli effetti, un esempio di utilizzo virtuoso di un contenitore mediatico, anch'esso virtuoso, seppur complicato da interpretare e non meno insidioso di altri contenitori distorcenti.

La maggior parte dei prodotti televisivi a sfondo culinario induce infatti, nel *prodottoconsumatore*, una percezione distorta del mondo della ristorazione, costituito, in realtà, da dinamiche estremamente più complesse di quelle che filtrano dagli show e che danno vita, tra l'altro, a due pericolosissime categorie, professionale l'una e consumatrice l'altra: i *siamo tutti chef* da una parte, e il *clientemostro*, descritto nell'ultimo capitolo, dall'altra.

Queste ultime si possono considerare come effetti collaterali prodotti dal meccanismo perpetuo che genera il sistema glorificante, già ampiamente descritto. Per comprendere, invece, quanto possa essere restituente il sistema media, occorre valutare il fattore enormemente amplificante costituito dall'interattività tra mezzo televisivo e social network (Facebook, Instagram, Twitter eccetera) che, oltre a essere uno spazio più confidenziale e basato su dinamiche di scambio rispetto alla televisione, è anche una vera e propria platea tutt'altro che virtuale, in grado di operare sull'evento, modificandone addirittura gli esiti.

Il tipo di riscontro social di ciascuno dei miei antagonisti nello show, infatti, è direttamente e immediatamente proporzionale al rispettivo utilizzo del contenitore che i concorrenti hanno deciso di praticare.

Questa analisi apparentemente banale e scontata, rivela invece un dato molto interessante: sia la glorificazione e la τιμη (scontate) attribuite dal pubblico al vincitore, il Reggiano, che l'attribuzione di *colpa* e la conseguente pretesa di *vergogna* (anche queste scontate) da parte del pubblico social nei confronti del personaggio negativo, la *cattiva* del programma, ovvero la Reggiana, seguono gli schemi (che abbiamo analizzato all'inizio del capitolo) del meccanismo mediatico standard, caratterizzato da interazioni reattive prevedibili e dunque replicabili. Questo perché entrambi gli interpreti hanno utilizzato, l'uno a proprio favore, l'altra a proprio sfavore, metodologie, per l'appunto, standard di interazione col contenitore. Il tipo di reazione social nei confronti del sottoscritto, invece, non si può far rientrare in schemi precostituiti, tipici del social network. Lo spettatore intuisce immediatamente che il mio personaggio non sta competendo; quando prendo la parola o agisco all'interno dello show, non comunicando allo spettatore l'input della gara, lo induco a seguire le mie considerazioni: il pubblico di questa tipologia di show ha bisogno di un personaggio preferito per cui tifare, per potersi orientare. Se lo spettatore non può parteggiare, si disorienta e perde attenzione e interesse per il programma.

Il feeedback social dimostra chiaramente che un'azione, per quanto stimolante, se avulsa dalla competizione, rimane anche inviolata dalla dinamica reattiva social (su decine di migliaia di accessi alle pagine social, durante e nei giorni successivi alla trasmissione, non si registrano commenti, né negativi né positivi, all'indirizzo del mio personaggio, evidenziando un apparente disinteresse connesso al suddetto disorientamento. Ciò è chiaramente confermato dal fatto che le centinaia di insulti social di ogni genere, talvolta rabbiosi, scagliati dal popolo del Web contro la Reggiana, non le siano stati rivolti in veste di mia astiosa e *scorretta* avversaria ma semplicemente, in mancanza di un suo antagonista *buono* per cui tifare, in quanto antipatica di per sé. Così l'assenza in scena di un vero beniamino a cui affezionarsi e per cui fare il tifo, porta il pubblico a inveire contro l'eroe negativo, pur di poter parteggiare, e ad accontentarsi di tifare *contro*). Io però, seppur disattivando volontariamente il genere di interazione reattiva sopra descritta, durante lo show parlo di cose interessanti, ponendo perciò le basi per un'interazione più profonda (dimostrata, in evidente contrasto rispetto alle pagine dedicate ai commenti a caldo, dalla decuplicazione di accessi social alle pagine-business della mia azienda e da un incremento sproporzionato dell'indice di interattività inerente alle materie prime presentate nel programma).

In conclusione, l'apparente disinteresse social rispetto all'approccio virtuoso nasconde una potenzialità di connessione interattiva con il pubblico a livelli molto più profondi, che viene elaborata solo in un secondo tempo dallo spettatore, a margine dell'esaurimento contestuale delle dinamiche interattive legate al puro intrattenimento fine a se stesso.

La τιμη negata alla Reggiana dall'ultrà social, per sua esclusiva *colpa* determinata dal maldestro utilizzo del contenitore mediatico, potrà sempre essere rivendicata, ricontrattata e ottenuta in un secondo tempo grazie al sistema interattivo intrinseco ai social stessi.

Processo di reintegrazione che non può essere svolto, invece, quando il ristoratore debba fare i conti con le Guide dei Ristoranti sponsorizzate, i critici gastronomici *di parte* e i siti di recensioni come *Tripadvisor*.

Non ha senso sprecare inchiostro per spiegare all'attento lettore l'abominio del sistema *Tripadvisor*, la più consultata piattaforma di recensioni di ristoranti del pianeta: la Reggiana lamentava (a ragione) di essere stata oggetto di decine di recensioni negative *fake*, subito dopo il programma. E da questo, nessuno può difendersi poiché le repliche del ristoratore, per quanto validamente espresse, non modificano il *rating*. Quest'ultimo è assunto come criterio di scelta da più del 90% dei fruitori, tra cui solo il 10% legge più di una recensione e meno del 5% legge le repliche.

Il sistema *Tripadvisor*, così come tutti i siti in cui sia possibile rilasciare recensioni anonime e non suffragate da documentazione che ne provi l'autenticità, è il cancro della ristorazione mondiale e, per il momento, non è stata ancora trovata la cura. Il contenitore omologante/inglobante ha creato, poi, il *clientemostro*, modello diffusissimo di critico enogastronomico onnisciente e principale protagonista delle attività svolte all'interno di questo spazio inglobante. Volendo rimanere il più possibile *super partes*, e limitando le critiche al metodo, si consideri che *Tripadvisor* raduna qualsiasi categoria di ristorazione in un unico contenitore (bar, gelaterie, ristoranti stellati, kebab, pizzerie, perfino distributori automatici, accozzagliati tutti insieme sotto la voce *ristoranti*) e che l'anonimato garantisce la possibilità di recensioni ritorsive, commissionate, truffaldine eccetera. Così, quando vi capiterà di aprire l'home page con i migliori dieci ristoranti di una determinata città, potreste correre il rischio, cliccando su di essi, di prenotare il vostro tavolo in una stazione di servizio o in un chiosco di gelati.

Tripadvisor, quale paradigma del contenitore inglobante, dopo aver creato, con una mano, il cancro rappresentato dai *clientemostro* e *clientefake*, ti vende poi, con l'altra, la presunta cura. Questa è una delle decine di email che i ristoratori ricevono ogni giorno e che io ho scaricato direttamente dalla mia mailbox:

Buongiorno,
Mi chiamo (...) e questa è la seconda mail che le scrivo per la sua azienda: Mentana 104;
La ricontatto in quanto stiamo riproponendo a strutture della sua zona il nostro servizio di promozione su Tripadvisor.
*Il servizio è molto richiesto da aziende come la sua e purtroppo non riusciamo a soddisfare tutte le richieste che ci arrivano perché al massimo riusciamo a seguire 50 strutture il mese ma fortunatamente nel momento in cui le sto scrivendo abbiamo ancora **possibilità di attivare altri 11 clienti per Gennaio**. (Può visionare l'effettiva disponibilità del servizio sul sito nella pagina principale). Il servizio si attiva direttamente dal sito web **investendo un basso budget** e funziona bene. Solitamente chi lo utilizza (hotel, B&B e ristoranti) ha un incremento di prenotazioni e di conseguenza del fatturato già alla fine del primo mese. Se vuole approfondire la questione la invito a chiamarmi al numero (...) e a visitare il sito web (...) dove potrà visionare i*

dettagli del servizio che serve per promuovere al meglio la sua struttura e ottenere un aumento di prenotazioni. Resto a sua completa disposizione.

Buona giornata.

(...) - Sales Manager - (...)

Tripadvisor si difende comunicando agli esercenti di non essere diretto responsabile dell'esistenza di centinaia di servizi simili a questo. Ma, se non è complice, perché non modifica il sistema di inserimento delle recensioni, obbligando gli utenti a documentare le loro esperienze e a identificarsi, in modo da estromettere definitivamente l'esistenza di questi servizi?

Comunque sia, il sistema Tripadvisor alimenta l'aberrazione, dettagliatamente argomentata nelle prime pagine di questo libro, in base a cui, per ottenere la *timè* (τιμη) non sia più necessario fare, quanto piuttosto *far credere che*. Nell'inedita società dell'ultimo ventennio (ripeto ancora una volta) la τιμη, ovvero l'onore non risiede nella conquista della pubblica stima, bensì nell'occupazione arrogante degli ampi spazi lasciati vacanti dall'estinzione della cultura. Da qui, la nefasta alterazione strumentale in funzione di meri fini di marketing industriale.

Forse è anche per questo motivo che, chi non riesce a ottenere la propria τιμη attraverso il riconoscimento virtuoso, alla fine si piega passivamente all'assimilazione.

Accade allora che, nella ricontrattazione della propria τιμη dentro al contenitore omologato/omologante, la cuoca di Reggio sia insignita da *Identità Golose* del **Premio Acqua Panna – San Pellegrino: Miglior Chef Donna.**

Il vero Anolino di Parma

Dal libro di ricette codificate: *"La cucina di Parma"* di Augusto Farinotti con il commento di Edoardo Raspelli (Diabasis, 2014. Parma)

1. *Brasare 1 kg di carne (per la tradizione parmense il cavallo) con fondo di 3 carote, 3 coste di sedano, una cipolla grande, aromi e spezie.*

Appassito il fondo in mirepoix con burro e 50 g di pancetta, rosolarvi la carne, bagnare con vino rosso o bianco a seconda se si desidera ottenere un ripieno più chiaro o più scuro, lasciare sfumare e bagnare con brodo, portare a cottura assicurandosi che rimanga un abbondante liquido (sugo).

Bagnare 200 g di pane raffermo grattugiato con il sugo a ottenere un impasto abbastanza corposo, aggiungervi 1 o 2 uova e 200 g di parmigiano grattugiato, aggiustare di sale e amalgamare bene ad ottenere un composto compatto, morbido, e malleabile.

2. *Variante con l'aggiunta di carne macinata fine.*

Bagnare 200 g di pane raffermo grattugiato con il sugo a ottenere un impasto abbastanza corposo, aggiungervi 1 o 2 uova e 200 g di parmigiano grattugiato, la carne macinata fine, aggiustare di sale e amalgamare bene ad ottenere un composto compatto, morbido, e malleabile.

3. *Bagnare 200 g di pane raffermo grattugiato con un buon brodo di carne ad ottenere un impasto abbastanza corposo, aggiungervi 2 o 3 uova e 200 g di parmigiano grattugiato, sale, abbondante noce moscata, pepe e amalgamare bene ad ottenere un composto compatto, morbido, e malleabile.*

La pasta:
1 kg di farina, 15 uova (7 intere e 8 tuorli), acqua, sale se necessita.
Stendere la pasta, porvi sopra nocciole di pieno e coprire con altra pasta, tagliare con apposito attrezzo in legno di bosso.
Cuocerli in ottimo brodo di terza (carne di manzo, vitello, cappone).

Nota bene: **Gli anolini non devono essere confusi con i cappelletti reggiani.**
*Gli **anolini parmigiani** sono fatti con sfoglia all'uovo e ripieno a base di sugo di stracotto di manzo (un tempo si utilizzava anche la carne di asina), ottenuto attraverso una lunga e paziente cottura della carne a fuoco lentissimo, insieme a odori (sedano e carota), spezie, salsa di pomodoro, brodo di carne e vino rosso autoctono che conferisce al tutto un aroma inconfondibile.*
Il sugo dello stracotto è poi unito a pane raffermo grattugiato, prima bagnato da circa tre cucchiai di brodo bollente, Parmigiano-Reggiano, uova intere, sale e una grattata di noce moscata.
Si formano delle palline della grandezza di una nocciola e si dispongono sulla sfoglia tagliata a strisce. Si copre con un'altra sfoglia, avendo cura di far aderire alla perfezione la pasta attorno al ripieno per evitare che durante la cottura fuoriesca. Con l'apposito stampo dal bordo liscio (preferibilmente di legno di bosso, da cui il nome bossolo) si ricavano gli anolini, che si cuociono e si servono nel brodo di carne, spolverati con Parmigiano-Reggiano grattugiato al momento.

Piatto simile sono **i cappelletti di Reggio Emilia.**
Prodotto nato dall'ingegno culinario delle terre emiliane, i cappelletti reggiani si differenziano totalmente dai cappelletti romagnoli e dai tortellini bolognesi pur assumendo sembianze molto simili. Il popolo reggiano, onde evitare falsificazioni nelle

modalità di preparazione, ha addirittura messo a punto un Disciplinare di produzione che è stato sottoposto all'Unione Europea al fine di ottenere l'Indicazione Geografica di Provenienza (IGP). Questo disciplinare prevede regole piuttosto rigide, che riguardano sia le dimensioni del cappelletto, sia la modalità di preparazione del ripieno, che variano a seconda delle zone di produzione (montagna, collina, città).

La sfoglia si prepara con acqua, farina e uova e si taglia in quadretti la cui dimensione massima sia di quattro centimetri, utilizzando un apposito attrezzo con rotella dentata.

La forma del cappelletto può essere "a ombelico" oppure "a cappello", la dimensione massima non deve superare i tre centimetri, mentre il peso deve rimanere compreso tra i 20 e 40 grammi. Il ripieno, a differenza del caplètt romagnol, non è "di magro", bensì a base di stracotto di carne di manzo (cotto a fuoco molto lento, per almeno tre ore), Parmigiano-Reggiano, pangrattato (per aggiustare la consistenza), uova, verdure miste, sale e spezie (pepe e noce moscata).

Ottenuto il ripieno, si procede alla preparazione vera e propria: i quadrati di sfoglia vengono farciti e chiusi a triangolo e le estremità unite con un abile gesto, facendole ruotare attorno all'indice.

Forse padri degli anolini sono gli **anvej di Piacenza**, più grandi degli anolini. Gli anvej, o anvejn, sono uno dei primi piatti classici del territorio piacentino, li troviamo praticamente in qualunque ristorante della zona, dall'osteria al locale più raffinato.

La versione tradizionale prevede la preparazione di una sfoglia con farina e uova. Dopo una lunga lavorazione viene lasciata riposare al coperto sotto una ciotola o un tegame per evitare che secchi e diventi impossibile da tirare. Il ripieno è a base di stra-

cotto di carne di manzo, grana piacentino, uova, noce moscata, pane grattugiato.

Capitolo settimo
Sala

Il galateo del ristoratore

Durante i corsi di *servizio di sala* che presiedo alla *Food Tuning Academy*, la mia scuola di ristorazione pratica, sono solito raccontare agli studenti il *colpo del caffè* e il *colpo delle Belon*, due storie *zen*.

Il colpo del caffè

Nella sua prima cena all'Osteria del Mare di Forte dei Marmi, oltre a mangiare benissimo, Luca Farinotti rimase stregato dal servizio di sala impeccabile: ritmo, gentilezza, perizia armoniosamente dosati. Solo il caffè non fu all'altezza di tutto il resto.

Quando, dopo aver pagato il conto, i due uomini di sala che lo avevano servito per tutta la sera, gli domandarono se avesse apprezzato la cena, egli rispose: "È stato tutto perfetto. I miei complimenti allo chef, alla cucina e a tutta la sala. Se posso permettermi solo una piccola critica, mi sono stupito che un ristorante di così alto livello serva un caffè scadente!".

Gli domandarono allora che cosa intendesse per scadente, dato che il loro caffè era artigianale. Luca, allora si mise a spiegare tutte le questioni e le ragioni del caffè, mentre i due lo stettero ad ascoltare attentamente, poi si congedarono.

Trascorse quasi un anno. Luca Farinotti tornò all'Osteria del Mare e ancora una volta mangiò benissimo e fu servito impeccabilmente, seppur il personale incaricato del suo tavolo non fosse lo stesso della precedente occasione. Subito dopo il caffè, questa volta eccellente, comparvero all'improvviso i due che lo avevano accolto la prima volta, seguiti dal titolare del ristorante: "Signore", gli disse uno di loro, "allora, come le sembra il nostro nuovo caffè? Le piace?".

Il colpo delle *Belon*

A seguito del *colpo del caffè*, Luca Farinotti divenne cliente fisso dell'Osteria del Mare. Dato che era molto ghiotto di ostriche, ogni volta chiedeva, come aperitivo, un'ostrica *Belon*. Ogni volta, però, gli veniva negata con una spiegazione diversa (*questa settimana non sono arrivate* piuttosto che *le abbiamo finite ieri eccetera*). Una sera, dopo un nuovo rifiuto, Luca chiamò Donato, il responsabile, e Armando, il sommellier e disse loro: "Amici miei, è la terza volta che vengo appositamente per mangiare le *Belon* ed è la terza volta che me le negate. Niente di male ma, toglietele dal *menu*. Non ha senso tenere in menu una cosa che non c'è mai. Illudere così le persone è deplorevole".

La settimana successiva, i membri dello staff dell'Osteria del Mare prenotarono un tavolo al ristorante di Luca Farinotti. Presero l'auto, attraversarono il passo della *Cisa* con il ghiaccio e tutto il resto e arrivarono nella sua città sani e salvi. Si presentarono all'ingresso in fila indiana e in ordine di anzianità. Armando era il primo, davanti a tutti, e aveva in mano una cassa sigillata, piena di *Belon* freschissime. Andò incontro a Luca ed esclamò: "Servizio a domicilio. Questa è per te!".

Le storie zen non si spiegano mai. Gianni Frasi direbbe: "*Ecchevvelodicoaffare?*".

Sarebbe davvero troppo ingenuo pensare che ogni *protesta* di un cliente debba essere accolta cambiando un prodotto oppure organizzando un viaggio di gruppo, per portare direttamente a casa del cliente il prodotto che non avevate potuto servirgli. Eppure, in questi due raccontini è racchiuso il senso profondo di ciò che, nella nostra scuola, chiamiamo *tuning*.

Imparare il *tuning* significa imparare a modulare le regole derivate dai principi su cui si basa la condotta del ristoratore virtuoso: l'umiltà, la fedeltà al proprio mandato, il costante desiderio di migliorarsi, la veridicità, la coerenza, l'integrità.

Il *tuning* del servizio di sala è un lavoro di squadra che si dispiega attraverso vari passaggi. Innanzitutto, l'*hospitality*, ovvero la colonna sonora del *filmristorante*, il suo montaggio, la sua scenografia. Dietro un'eccellente *hospitality* c'è un solido soggetto. Il soggetto è la chiara idea di chi siamo, di cosa proponiamo, del perché siamo *qui e ora*.

L'*hospitality* è l'onda di fondo, quell'atteggiamento che deve accompagnare il servizio di sala da quando si apre la porta del ristorante fino all'uscita dell'ultimo cliente. È l'attitudine all'accoglienza. Il cliente decide se si sente a proprio agio nei primi trenta secondi in cui entra in un locale. In questo breve lasso di tempo deve percepire: sorriso, accoglienza, gentilezza, massima disponibilità, benessere, sicurezza.

Riporto di seguito alcuni stralci di una lezione sulle fasi del servizio di sala.

Le fasi del servizio (registrazione del mio seminario *Il tuning del servizio*, Gennaio 2015, Parma).

Startup: *è fondamentale. Nella startup bisogna accogliere il cliente come a casa; l'emozione è stata già trasmessa da abbigliamento, musica, atteggiamento, velocità nell'accoglierlo. Ora bisogna subito concentrarsi sui desideri del cliente, utilizzando l'intuito ma anche le* **domande,** *che vanno sempre poste con una formula ben precisa, che faccia* **inequivocabilmente comprendere al cliente che non lo state interrogando per classificarlo, ma per modularvi nel modo più consono al tipo di serata che egli vuole trascorrere. (...)*

Siate celeri nel portare le liste, acqua e pane; devono passare pochi secondi. Se arrivano più tavoli contemporaneamente, darete priorità all'accoglienza per tutti, senza sfaldarvi. **Non bisogna mai far aspettare per queste cose standard. (...)**

Proponete sempre un drink al cliente mentre guarda il menu. È rilassante per lui. Vi state occupando di lui. (...)

Poi l'ordinazione: occhio sulla sala, si segue la sequenza di arrivo dei tavoli, si preparano le comande in fila man mano che i tavoli arrivano e si segue quella sequenza, per non sbagliarsi, soprattutto quando c'è casino. (...)

Appena il cliente chiude e appoggia i menu, si procede all'ordinazione. Si porta subito da bere. Ci si assicura con la cucina che la comanda sia chiara, che sia stata ben compresa. Soprattutto evitare di vendere vini, cocktail o cibi mancanti. Questo delude il cliente e vi fa perdere tempo inutile; per evitare ciò è necessario che il briefing pre-servizio con la cucina sia dettagliatissimo. (...)

Followup: *è la parte centrale del servizio. Si curano i tavoli, incastrando i ritmi di ognuno con gli altri. È la parte più operativa: cosa fare? Mai viaggi a vuoto. Mentre si portano fuori piatti, si osservano gli altri tavoli e, se si notano cose da sparecchiare, mentre si torna in cucina si raccoglie quello che c'è da raccogliere, si osserva a che punto siano tutti i tavoli, si aggiorna la cucina sullo stato della sala e si avvisa di ciò che sta per essere "chiamato"; si guarda se qualcuno ha finito il pane o l'acqua e li si porta senza aspettare che lo chiedano. Se qualcuno ha finito il vino ci si ferma al tavolo e si chiede se si proceda con altro calice o altra bottiglia, si chiede senza insistenza se va tutto bene, se c'è bisogno di qualcosa. (...)*

Se qualcuno manda indietro un piatto o si vede che non mangia ci si informa discretamente sul motivo. (...)

Mantenere la massima fiducia nella cucina e, al contempo risolvere problemi è fondamentale. (...)

Ci si assicura fino alla nausea che tutti i tavoli siano a posto, con condimenti, posate, bere, pane eccetera. (...)

Closing: *è la parte più mancante nei vostri servizi in sala. Una delle problematiche più diffuse, anche nelle sale più prestigiose, è la sindrome da "servi e scappa".* **Quando il cliente ha finito di mangiare, il servizio non è per niente finito.** *È molto importante essere presenti in questo momento. Il piatto non deve essere lasciato per più di due minuti davanti a chi ha finito di mangiare.* **Sparecchiare velocemente viene accolto come grande segno di attenzione,** *così come liberare bene il tavolo da tutto ciò che non serve più. Se ora avessi voglia di un cocktail post dinner, mi darebbe fastidio berlo sul tavolo dove ci sono ancora la bottiglia dell'olio o i mozzichi di pane. Voglio un nuovo scenario e tu sei lì apposta.*

Due minuti, poi sbarazzo e quasi contemporaneamente: carta dei dolci e/o cocktails. Massimo cinque minuti e, salvo ritmi indicati dal cliente, proposta di dolci, cocktail post dinner, caffè o vini dolci, o di nuovo drink. È un momento fondamentale, questo, anche per raccogliere i primi feedback sulla cena, per scambiare due chiacchiere con un cliente nuovo, rompere il ghiaccio, dimostrare la propria competenza, confermare l'impressione positiva iniziale, conquistare definitivamente il cliente. Il cliente vuole consumare ancora, vuole vivere nuove emozioni, se è stato bene, e voi siete li per dargliele. Se non prende più niente, significa che l'esperienza, forse, non è stata entusiasmante. Forse significa che non l'avete conquistato. Verificate questo nel modo in cui ora vi spiegherò! (...)

Cosa non dovete fare mai: abbandonare il cliente al suo tavolo, dimenticarvi di lui, *aspettare che chieda il conto. La gente non è tutta uguale, non dobbiamo aspettare che siano loro a chiedere; è un grave errore dare attenzione solo a chi interagisce per primo. Dobbiamo essere noi propositivi. Non sempre riuscirà, ma abbiamo il dovere di provarci con tutti, fino alla fine, di accendere in loro un'emozione.*

Questi sono frammenti di un seminario tipo che solitamente presiedo in riferimento al servizio di sala non standardizzato. Ho selezionato le parti che possono sembrare più obsolete rispetto alle procedure della ristorazione automatizzata e standardizzata regolata da sistemi informatici o in cui non è richiesta una specifica peculiarità agli operatori, in quanto meri componenti di un ingranaggio, con responsabilità ristrette e limitate. L'ottimizzazione spersonalizzante velocizza il servizio e limita gli errori ma, allo stesso tempo, contribuisce all'appiattimento dell'indice qualitativo. **La ristorazione virtuosa deve continuare a essere antropocentrica.** A tutti i livelli. Dalla sala del *Tre Stelle* Pierre Gagnaire, al *chiosco* sulla spiaggia di Moreno Cedroni, dal cocktail bar sui navigli di Milano al locale massificato.

Nessuna banca dati, almeno al momento, potrà spronare il titolare di un ristorante a eseguire il *colpo del caffè* o quello delle *Belon*.

Nel mio modo di fare e insegnare ristorazione, lo studio sulle potenzialità umane è tutt'oggi preponderante e **la sala è il luogo per antonomasia della sua declinazione.**

Il galateo del cliente

Di contro, ogni ristoratore vorrebbe poter scrivere e pubblicare le recensioni sui comportamenti che, a loro volta, i clienti tengono, rendendo estremamente difficile l'ottimizzazione del tuning di sala.

Per anni, io stesso ho accarezzato l'idea di scrivere **La Guida al cliente da ristorante**, un elenco analitico di tutte le nefandezze più o meno gravi a cui il ristoratore deve far fronte e che *stressano* inevitabilmente la fluidità necessaria allo svolgimento del perfetto sevizio di sala. Un'analisi socio-antropologica (corredata da aneddoti e esempi pratici con relative soluzioni per il singolo caso) dei vari profili di cliente deleterio alla modulazione del *tuning*: da quello che pensa di avere sempre ragione perché paga, a quello che devasta i bagni, fino a quello che occupa tutto il tavolo con le braccia e non si sposta di un millimetro quando arrivi con il piatto, anzi si piega in avanti, ostruendo interamente la sua postazione proprio in quel momento, quasi a farlo apposta. La lista dei vari tipi umani proseguirebbe certamente a quelli che ti fanno domande e poi non ascoltano le risposte, o quelli che non si ricordano mai cosa hanno ordinato. Quelli che fanno i *fighi* e ne sanno sempre più di te. Quelli che sporcano più di un'intera classe dell'asilo. Quelli che arrivano con tre pastori bergamaschi sporchi e puzzolenti e minacciano ritorsioni se non gli dai un tavolo. Quelli che hanno bambini che strillano o lanciano cose e rompono tutto quello che toccano e li lasciano fare perché ti scambiano per un *baby sitter*. Quelli che tirano coca nel bagno. Quelli che non salutano quando entrano, né quando escono. Quelli che lasciano la porta spalancata. Quelli che aspettano di tornare a casa per collegarsi a *Tripadvisor* e trasformarsi nei più feroci critici gastronomici del mondo. Quelli che ti trattano come uno schiavo. Quelli che pretendono lo sconto. Quelli che non pagano il conto e dicono *passo poi*. Quelli che non gli va bene niente nel *menu*. Quelli che ci sono dieci posacenere in giardino ma spengono le sigarette nei vasi dei fiori o le lanciano dove capita. Quelli che prenotano in dieci e arrivano in quattro senza avvisare. Quelli che non arrivano proprio. Quelli che invece arrivano senza prenotazione e ti insultano se non c'è il tavolo. Quelli che prenotano alle otto e arrivano alle 11. Quelli che vogliono mangiare cibi costosissimi e poi scrivono che sei un ladro. Quelli che non sanno leggere il *menu*. Quelli che non sanno leggere, punto. Quelli che pagano alla romana e occupano per mezzora lo spazio davanti alla cassa, facendosi cambiare un euro per dividersi i centesimi del resto. Quelli che si lamentano per l'attesa e quelli che sei stato troppo veloce. Quelli che se vogliono, domani aprono un ristorante e ti fanno vedere loro come si fa. Quelli che la musica è troppo alta, quelli che è troppo *jazz*, quelli che hanno il loro cd portato da casa e vogliono che tu glielo faccia suonare. Quelli che vogliono cambiare tavolo. Quelli che tengono il cellulare sul tavolo. Quelli che fanno suonare il cellulare al tavolo. Quelli che parlano al cellulare al tavolo. Quelli che giocano col cellulare al tavolo. Quelli che tengono cellulare, mazzi di chiavi e sigarette sul tavolo. Quelli che *sono un foodblogger perciò vengo a cena gratis*. Quelli che si dimenticano gli occhiali, la sciarpa e il cappello e ti chiedono di tenerli da parte perché passeranno subito a prenderli, invece non si fanno più vedere e tu ti fai un guardaroba di effetti personali vari. Quelli che non conoscono l'uso del tovagliolo. Quelli che lo riducono come uno straccio da meccanico. Quelli che vogliono il cous cous al pollo e verdure senza pollo e senza cous cous. Quelli che sono intolleranti al glutine, alle uova, ai latticini, alla frutta secca e non mangiano carne. Quelli che, tutte queste cose, le fanno, o le sono, contemporaneamente. E, infine, i *clientimostro*: quelli partoriti dal contenitore inglobante-omologante-standardizzante-aberrante-deturpante-mediatico che fanno le recensioni colte sui social, analizzando piatti, materie prime, presentazione, *location*, conto, servizio e menu ma non conoscono l'uso del congiuntivo e non mettono l'acca davanti alle vocali quando coniugano il verbo avere. Quelli che usano *Tripadvisor* come fossero i giudici della Santa Inquisizione perché hanno fatto un corso di cucina. Quelli che ti spiegano tutto loro.

Le problematiche derivanti dall'esistenza delle suddette tipologie umane, però, rappresentano solo alcuni, e non i principali, tra gli argomenti di studio che il ristoratore deve indagare, comprendere e risolvere al fine di un perfetto servizio di sala.

In verità, il **Ristoratore Resistente** non dovrebbe occuparsi di recensire il cliente, né di articolare un Galateo apposito che ne regoli il comportamento all'interno del ristorante. Le condotte maldestre del *prodottoconsumatore* sono causate molto più dal disorientamento derivato dai messaggi mediatici distorcenti che da una reale incapacità di relazionarsi a un ambiente specifico. Premesso ciò e dato che, come è stato ribadito innumerevoli volte, il compito del ristoratore virtuoso è quello di educare, divulgare e istruire, assumendosi anche l'onere, oltre che l'onore, della riuscita di tale mandato, egli stesso, in quanto educatore, deve riuscire a costituire un modello di interscambio (credibile) affinché il cliente si renda capace di sviluppare autonomamente un suo proprio tuning che gli permetta di essere a sua volta virtuoso.

In pratica è il ristoratore che deve farsi capire dal cliente, non viceversa.

Innanzitutto, il ristoratore virtuoso potrebbe cominciare a sconsigliare la presenza dell'*iPhone* sui propri tavoli (ricordiamo *il vietato fumare e cellulare* di Sandro Levati), invitando il cliente a disconnettersi dal contenitore globale, e proponendogli un'esperienza integrale, ritmata dalla conversazione, dal succedersi dei piatti, dall'atmosfera. Questo potrebbe essere il primo passo del distacco dal sistema mediatico alienante, causa principale della standardizzazione dell'appiattimento culturale, nonché dell'inarrestabile pulsione del cliente a immedesimarsi in un feroce critico gastronomico. Il ristoratore potrebbe, per esempio, istituire una serata settimanale dedicata all'ingresso senza *smartphone*.

Il problema più grave causato dalla distorsione mediatica è che il *prodottoconsumatore,* vittima della standardizzazione inglobante, è persuaso di vivere in una unica grande *show-box*, aspettandosi di poter replicare in diversi ambienti uguali esperienze, avulso da qualsiasi connessione alle peculiarità proprie della realtà. Quindi non ha a disposizione parametri interattivi in base ai quali poter scegliere con più consapevolezza le proprie esperienze.

Nonostante il *mondoristorante* spieghi se stesso attraverso i siti web che raccontano *menu, location, fasce di prezzo e servizi*, la maggior parte delle informazioni messe a disposizione del *prodottoconsumatore* si basa su parametri unilaterali di **marketing** e **positioning**, studiati per bypassare il processo di scelta consapevole, potenzialmente attuabile dal *prodottoconsumatore* stesso che, invece, viene stimolato a livello subliminale. Il consumatore/cliente si ritrova spesso, così, a vivere il malinteso di esperienze diverse dalle proprie aspettative. Questo accade già semplicemente, per esempio, con il *passaparola*. Figuriamoci, dunque, in quale misura rispetto alle dinamiche generate dagli studi di *marketing*. La necessità reale del cliente, invece, è quella di approdare all'esperienza di consumo più adatta e aderente alla propria disponibilità economica effettiva, alla propria condizione psicologica, alla tipologia di intrattenimento desiderata. Un tipo di comunicazione, da parte dell'esercente, maggiormente dedicata a questo aspetto – meno pubblicitaria, **più vera** - costituirebbe un aiuto prezioso alla realizzazione di un rapporto virtuoso col *prodottoconsumatore*.

Nella nostra scuola vengono studiate, per esempio, forme di comunicazione alternative che forniscono, al cliente che voglia soffermarsi qualche minuto in più sulle piattaforme di comunicazione delle nostre aziende, una serie di informazioni aggiuntive, seppur trasmesse in modo leggero e divertente, che assistano il cliente nel processo di scelta, piuttosto che di esclusione, dell'esperienza connessa ai nostri servizi. Si tratta di una **targetizzazione virtuosa** che aiuta a eliminare un'alta percentuale di malintesi, non contemplati negli studi di **positioning** unilaterali. Riporto, sotto, un **test d'ingresso** che viene proposto sulle pagine del nostro sito web a chi si appresti a prenotare un tavolo:

Sei un tipo da Mentana 104?

Domande (rispondere sì o no)

1) Ti piace passare le tue serate in un ambiente accogliente ma informale.

2) Non ti spaventi se nel menu ci sono due o più voci delle quali non comprendi il significato, anzi, sei disposto a provare.

3) Rimani sereno se, sempre del menu, non distingui bene gli antipasti, i primi e i secondi.

4) Non ti scandalizzi se ti viene servita una pietanza su un piatto sbeccato.

5) Non ti fai prendere dal panico se il tuo tavolo traballa un po'.

6) Ti piace farti raccontare delle curiosità sul vino che ti viene servito.

7) Ti piace la Goduria Maxima, anche se godi maggiormente nel suggerire che sarebbe migliore con il pane nero

8) In generale, inorridisci di fronte ai buffet delle "Happy Hour".

9) È venerdì sera, sei in uno dei tuoi locali preferiti in piacevole compagnia, il vino ti è stato servito e ti piace, il locale è strapieno quindi aspetti un po' più del solito per essere servito. Non ti innervosisci, anzi pensi: "è finita la settimana lavorativa, finalmente mi sto rilassando!".

10) Di un locale apprezzi non tanto ciò che ti viene servito (sì, certo, anche e soprattutto quello) ma la sua anima, ovvero l'amore e la passione per questo mestiere di chi sta dietro al bancone e dentro alla cucina.

(Questionario a cura di Marina Restori)

Soluzioni

Se hai risposto sì a sei o più domande, complimenti, sei un tipo da Mentana!
Se hai risposto no a cinque o più domande, non sei del tutto un tipo da Mentana, ma se ci dai una chance, possiamo convincerti a diventarlo.

***

Il cliente va guidato, aiutato nella sua scelta e il ristoratore deve diventare il suo **consulente imparziale** a tutti gli effetti. Il ristoratore deve considerare il cliente un **investimento**, non un *(prodotto)* consumatore, da cui **estrarre profitto**. Questo approccio è l'unico possibile affinché il cliente possa acquisire la consapevolezza che lo renda in grado di **acquistare l'esperienza più adatta a se stesso**. Il ristoratore che, distaccandosi dalla circoscritta dinamica venditore/acquirente connessa allo *standard business*, riuscirà a creare un'alleanza con il consumatore, stabilirà le basi di un business virtuoso proiettato nel futuro.

Questo processo deve definirsi già dalla fase preliminare del rapporto ristoratore/cliente (marketing veritiero interattivo). La sala del ristorante, in quanto meta finale di questo processo, deve essere considerata lo spazio tangibile per eccellenza in cui dare vita alla concretizzazione della suddetta **alleanza**, sorretta dalle dinamiche di scambio e dagli schemi comportamentali i cui punti di riferimento sono condivisi a priori.
Un tuning bilaterale, reciproco, che garantirà la fluidità del servizio perfetto.

Bonus track
The Ultimate Wine List
(Solo per chi ha letto tutto il capitolo "Vino").

La carta dei vini **Definitiva** del **Ristoratore Resistente**, proposta al ristorante Mentana 104 di Parma. A cura di Marina Restori. Da un'idea di Sandro Davighi.

Un vino racchiude in sé la storia del *terroir* dal quale proviene, l'anima di chi l'ha prodotto e affinato, le sfumature dell'uva che gli ha permesso di nascere.
Spesso dovremmo chiudere gli occhi per poter odorare e gustare tutto ciò.
Per questo motivo al 104 è nata una piacevole e divertente usanza: ordinare il vino al buio e cercare di indovinare di che vino si tratti.

Vino
Fascia di prezzo
Vino al buio 1 *per gioco* **Entro 30 euro**
Vino al buio 2 *non mi accontento* **Entro 35 euro**
Vino al buio 3 *qualcosa di più complesso* **Entro 40 euro**
Vino al buio 4 *esploratore convinto* **Entro 45 euro**
Vino al buio 5 *la sfida si fa seria* **Entro 55 euro**
Vino al buio 7 *...piuttosto seria* **Entro 65 euro**
Vino al buio 8 *...molto seria* **Entro 80 euro**
Vino al buio 9 *voglio veramente farmi stupire* **Over 100**
Vino al buio 10 *non temo nulla* **Over 200**

A chi indovinerà il vino, la cantina e l'annata verrà applicato uno sconto del 30% sul prezzo della bottiglia.

Una ricetta per voi. O la ricetta di oggi

Aprite distrattamente il frigo e appoggiate lo sguardo sul secondo ripiano dal basso: se la disperazione non è alle porte, troverete qualcosa di commestibile. Afferrate con entrambe le mani quanto più potete, portate su un piano di lavoro e chiudete nuovamente l'elettrodomestico.

Osservate adesso gli ingredienti che potrete utilizzare e tracciate un profilo della vostra fame. Gettate un occhiata lontana, naïf. Accendete il forno, la tv e riposatevi trenta minuti circa, secondo la possibilità e l'esigenza.

Non pensate al cibo ancora riposto nel frigo, men che mai a quello poggiante sui ripiani primo e terzo dal basso.

Sorridete. Sorridete ancora.

Basta.

Il pollo che canta vi piace? Se vi riesce individuare sul piano gli ingredienti occorrenti alla gustosa pietanza, riponeteli in una casseruola precedentemente unta e poneteli con leggerezza sul terzo ripiano del frigo, badate: senza più toccarli. La ricetta di oggi non contempla l'uso di polli e neppure di canti; si ammonisce quindi a non cercare profitto nell'eventuale fortunosa disponibilità ingredientica.

Prendete i fagioli (250 gr di fagioli toscanelli secchi) dall'acqua leggermente tiepida in cui ieri sera certo li avrete riposti. Scolateli e lessateli un paio d'ore in abbondante acqua senza sale (due ore libere per la visita della città, ritrovo in cucina).

Quando saranno quasi cotti, insaporite in una casseruola, con quattro cucchiai d'olio e un trito d'erba voglio (ma non è indispensabile); rimescolate per qualche minuto finché i secondi di ciascuno non saranno ben amalgamati. Mettete il cavolo tagliato a listarelle (mezzo cavolo nero), fatelo appassire, poi versate il concentrato sciolto (un cucchiaio di concentrato di pomodoro) in un mestolo d'acqua calda della cottura dei fagioli. Dopo un quarto d'ora circa, unite metà fagioli passati al passaverdure e gli altri fagioli col loro brodo. Salate, pepate e portate a cottura. Disponete le fette di pane in un tegame di coccio o in una zuppiera, versate sopra la zuppa e servite con un filo d'olio appena tagliato e di pepe appena macinato.

Con questa zuppa si può preparare la *Ribollita*: si riporta cioè a bollore, mettendola in forno sia fredda, se avanzata, o anche da subito, se ritirata. Vino consigliato Pomino. Persone al tavolo: 3. La ricetta presenta dosi per 4, ma si sa che a dare retta alle ricette...

Indice

Ringraziamenti

Un ringraziamento particolare a Marina Restori (ispiratrice) e Leandro del Giudice (revisore).

"Ho scritto parole che possono ferire.
L'ho fatto perché, filosoficamente, lo scopo da raggiungere è più
importante.
Senza presunzione, questo è il mio libro migliore.
Se, nel suo viaggio, incontrerà i miei nemici, li trapasserà".

Luca Farinotti

Della stessa collana

#mondoristorante *L. Farinotti*
Ahmadinejad *K. Naji*
Arizona Market *K. Norton*
Barbarie *A. Salieri*
Bastardi e senza gloria *A. Salieri, D. Babbini*
Breve storia degli U.S.A. e getta *G. Bertolizio*
Davanti a un milione di universi *I. Scarpiello*
Dead man walking *G. Wilford Hathorn*
Diamanti di sangue *R. Marques*
Diario di uno stupratore *E. S. Connell*
Diaciassette anni nove mesi e ventisette giorni *S. Paravicini*
Dietro il Burqa *B. S. Yasgur*
Dietro la porta chiusa *J. Tomlin*
Fragole e sangue *AA. VV.*
Giallo zafferano *I. Aral*
Gli altri *E. Vahapoglu*
Good morning Afghanistan *W. Mahmood*
I bambini del crepuscolo *A. Kordzaia-Samadashvili*
I diari segreti del medico di Hitler *D. Irving*
I giorni dell'ETA *I. Casanova, P. Asensio*
I miei occhi sull'intifada *J. Tarabay*
I Rabinovitch *P. Blasband*
Il militante *A. Helman*
Il patriota polacco *U. Nachimson*
Il sultano di Bisanzio *S. Altun*
Insospettabili mostri *C. Kolbe*
L'amore che strappa la carne *A. Salieri*
La barbarie silenziosa *A. Arena*
La casa degli orrori *N. Cawthorne*
La cattiva ora *J. L. Muñoz*
La chiave dei sogni *G. Gangi*
La guerra di Hitler vol. I *D. Irving*

La guerra di Hitler vol. II *D. Irving*
La mia vita, i miei discorsi *A. Hitler*
La madre distratta *N. Canazza*
La mia vita maledetta *R. Sanchez*
La notte dell'assenzio *A. Tunc*
La percezione della follia *A. Salieri*
La rossa primavera *AA. VV*
Le lacrime di Teheran *N. Afshin-Jam, S. McClelland*
Le ragioni del male *C. Berry-Dee*
Lesioni di famiglia *C. Mumcu*
Madame Atatürk *I. Calislar*
Memorie di una bambina soldato *F. J. H. Mc Donnel - G. Akallo*
Memorie di un carnefice *G. B. Bugatti*
Nati per uccidere *Christopher Berry-Dee*
Natural born killer *S. Fawkes*
Nel nome di Dio *Flora Jessop*
Nella mente del serial killer *J. Douglas*
Passione di tango *A. Helman*
Perseguitato *D. Irving*
Pochi elefanti a Borgofermo *A. Ferrero*
Ribelle senza frontiere *M. Vachon*
Rosso bastardo *F. Pastori*
Storia di una concubina *G. Irepoglu*
Tania, al fianco del Che in Bolivia *U. Estrada*
Talento criminale *C. Selcen*
The adventurist *R. Y. Pelton*
The hoax *C. Irving*
The predator *W. Clarkson*
Una vita per la libertà *M. Melkonian*
Zero amore *A. Salieri*